슈필아르트의 인문학 에세이
천사는 사막에서도 왈츠를 춘다

김겸섭 지음

슈필아르트의 인문학 에세이

천사는 사막에서도 왈츠를 춘다

김겸섭 지음

토기장이

나는 김겸섭 목사님의 독자이다. 목사님이 쓰신 책들은 모두 읽었다. 읽고 난 느낌은 글이 참 곱고 깊고 정갈하다는 것이다. 그만큼 목사님의 글은 고급이다. 오랫동안 묵상하고 생각하면서 깊게 담금질을 하여 남이 모방할 수 없는 글맛을 내놓는다. 천천히 생각하면서 읽고 나면 나 역시도 고급독자가 된 느낌이 들어 기분이 좋아진다.

목사님의 글을 읽으면서 항상 느끼지만 활자를 읽는 것이 아니라 사람을 읽는 착각에 빠진다. 깊은 묵상을 하느라 한 걸음 뒤쳐 걸으면서도 조바심을 내지 않고 묵묵히 살아온 삶이 글에 배어 있기 때문이다. 저자에게 '사막은 사람이 없는 곳이 아니라 사랑이 없는 곳'이고 '욕망, 탐욕, 나태, 불안이 넘실대는' 군상들의 비정하고 비열한 장소이다. 그런 군상들에게서 밀려오는 '사막의 모래'에 갇히지 않으려고 그의 글들은 고독하면서도 숨 가쁜 왈츠를 쏟아낸다. 사막에서 왈츠를 춰본 사람들만이 사막을 건너는 법을 알기 때문이다.

목사님 주변에서 그의 인품과 삶을 아는 사람들이라면 그의 글과 삶이 동일하다는 것을 인정한다. 그래서 목사님과 그분이 쓰는 글 앞에 서면 절로 고개를 숙이게 된다. 저자가 서문에서 밝히고 있는 것처럼, 도시의 사막을 횡단하는 독자들이 이 책을 읽으면서 '당찬 왈츠'를 추는 행복한 천사들이 되기를 기대해 본다.

강정훈 늘빛교회 담임목사, 「갈렙처럼 온전하게」 저자

이 책은 저자의 네 번째 작품이다. 그동안 계속 쌓아온 내공이 페이지 곳곳에 숨겨져 있다. 첫째로 저자는 인문학적 지식을 배경에 두고 세상과 삶의 이모저모를 살펴보고 진단한다. 긴 시간을 바쳐 고전을 읽고 묵상한 흔적이 뚜렷하게 남아 있다. 그의 지식의 그물망에는 역사적 인물과 영화, 그리고 미술 작품까지 참으로 다양한 콘텐츠가 들어 있다.

둘째로 저자는 시인의 눈을 가지고 있다. 요셉 피퍼는 말하기를 "철학자

와 시인의 비슷한 점은 둘 다 경이로운 것, 경이할 만한 것, 경이를 환기시키는 것을 취급한다는 것이다"라고 했다. 시인은 보일 때까지 응시한다. 봄(관찰)을 통해 통찰(insight)에 도달하고자 한다. 저자는 시선을 한곳으로 모아 집중해서 뚫어지게 바라본다. 이러한 구도적 과정에서 건져 낸 지혜를 우리에게 선물한다.

셋째로 이 책은 다독과 정독을 통해 얻는 지식과 지혜를 시적인 분위기의 독특한 문체를 통해 전달한다. 때로는 오랜 벗처럼 조언하고, 때로는 잠든 영혼의 각성을 촉구한다. 무엇보다도 이 책은 "우리는 이제 어떻게 살아야 하는가"라는 인생 질문을 던진다. 그러므로 독자는 기대감을 가지고 책을 펼쳐 보라.

송광택 목사, 한국교회독서문화연구회 대표, 「시로 만나는 하나님」 저자

"여행자는 요구하고, 순례자는 감사한다."
스페인 산티아고에서 순례자의 길을 출발하는 사람들에게 들려주는 격언이다.
살아가면서 무엇을 요구하며 살아갈 수도 있지만 어떤 상황 속에서도 감사하며 살아가는 삶에 순례자의 향이 흐르듯, 저자의 글을 읽다 보면 부하지도 가난하지도 않는 진솔한 언어가 우리의 삶을 되돌아보게 한다.
스스로 죽은 가지를 버리는 나무처럼 옳지 않은 것과 결별을 통해 생명의 울림을 노래하며 최고의 지혜가 있는 현자의 숲으로 우리를 초대한다.
"시는 시인의 것이 아니라 그 시를 필요로 하는 자의 것"이라는 우체부 마리오의 말처럼 저자의 글을 필요로 하는 독자들에게 천사와 함께 사막에서 왈츠를 추게 할 것이다. 저자의 지혜가 흐르는 글을 통해 깨달음의 꽃이 그대의 가슴에 오롯이 피어나기를 기대한다.

유수영 제주 함께하는교회 담임목사, 「예수라 하라」 저자

차례

프롤로그

제1부
숨비와 물숨

숨비와 물숨 • 16 ｜ 돈이 열리는 나무 • 18
'꽃자리'의 좌표 • 20 ｜ 장발장과 마들렌 • 22
심장을 켜는 사람 • 24 ｜ '디코럼'의 삶 • 26
배려, 지상에서 하는 하늘의 일 • 28 ｜ '첼라'를 찾습니다 • 30
트롤의 거울 • 32 ｜ 낡은 문설주가 성물(聖物)이 된 비밀 • 34
화가 고흐의 〈신발〉을 보며 • 36 ｜ 세상에서 가장 강한 독(毒) • 38
인간은 '한 겹'이 아니다 • 40 ｜ 렘노스의 여인들 • 42
나는 '윌리엄 시드니 포터'가 아닙니다 • 44 ｜ '보통'과의 작별 • 47
'부드러움'에 찔리다 • 50 ｜ 시인이 된 우체부 • 52

제2부
자기 삶을 예우하라

자기 삶을 예우하라 • 56 ｜ 메아 쿨파 • 58
'유노 모네타' 신전 • 60 ｜ 비프스튜 클럽 • 62
잠을 죽인 사람 • 64 ｜ 황금신(神)의 탄생 • 66

사마리아인의 지갑 • 68 | 황소 동상, 그 눈부신 재앙 • 70
그대의 'I'는 무엇입니까? • 72 | 로댕의 〈지옥의 문〉 • 74
Live와 Evil • 76 | 게으름은 '중독'이다 • 78
무지에게 '유죄'를 선고하다 • 80 | 나는 '삼중 바보'입니다 • 82
도시와 사막 구별법 • 84 | Mother와 Money • 86
Unlearn의 삶 • 88 | '굴베이크'는 왜 죽지 않을까? • 90
'헬(Hell)'에서 '헤븐(Heaven)'으로 • 92

제3부
희망이 오신다는 기별

친절의 탄생 • 98 | 질문이 사라진 시대 • 100
그대 정원을 피라미드로 만들라 • 102 | 출이반이(出爾反爾) • 104
모진 말, 참 싫다 • 106 | 꼬막밀기 • 108
탈로스의 죽음 • 110 | 촉견폐일(蜀犬吠日) • 112
카베 카베 데우스 비데트 • 114 | 오, '카토'여 • 116
보이지 않는 그물 • 118 | 관해난수(觀海難水) • 120
쉽게 얻어지는 것은 '가짜'이다 • 122
생선은 '머리'부터 썩는다 • 124 | 시네 케라(sine cera) • 126
파일명 '서정시' • 128 | '더'의 삶, '덜'의 삶 • 131
영화 〈허셀프〉와 '메헬' • 134

제4부
'가지런한 삶'의 탄생

그대, 라곰(Lagom)인가? • 140 | 절제의 미학 • 142
'멋'의 조건 • 144 | 칼과 칼집 • 146
'죽음'보다 '삶'을 더 두려워하라 • 148
시간, 하늘의 소중한 선물 • 152 | '동백꽃'으로 살아보기 • 154
죄수 '슈호프'의 특별한 하루 • 157
'몰록'을 닮아가는 사람들 • 160 | '파마(Fama)'라는 괴물 • 162
거짓, 미소 짓다 • 164 | 세상에서 '가장 위험한 길' • 166
욕망의 '나귀 가죽' • 169 | 가장 좋았을 때 가장 나빠졌다 • 172
머리보다 '큰 모자'를 쓰면 • 174 | 감정 접기 • 176
사라진 로마 • 178

제5부
에뜨왈을 위한 첫 시작

그대의 '월척'은? • 182 | 독(毒)은 '금잔'에 담겨 있다 • 184
시간과의 화해 • 186 | 타미리스의 한숨 • 188
아마란스와 월계수 • 190 | '작은 악마'는 없다 • 192
독사도 '독'은 싫어한다 • 194 | 에뜨왈(Etoile) • 196

우골리노의 분노 • 198 | '도사리'의 삶 • 200
'헹굼'의 철학 • 202 | 돼지에게는 '진흙탕'이 '놀이터'이다 • 204
그대의 '별'을 찾습니다 • 206 | '아버지의 한숨'은 '기도'이다 • 208
'멋진 신세계'는 가능한가? • 210 | 낙타에게 고개 숙이다 • 213

제6부
'아드 렘'의 철학

'아드 렘'의 철학 • 218 | 습관과 악마 • 222
꺾지 마라, 아프다 • 225 | 나누어 준 빵은 '본래 맛'이 아니다 • 228
셈페르 에어뎀 • 231 | '어제의 나'와 '최후의 나' • 234
'쾌락'과 '기쁨'은 다르다 • 238 | '하루살이'와 '겨우살이' • 242
불행해서 사악해진 것이다? • 246
'먼저 배워야 할 것들'의 목록 • 248 | 권력자 vs 실력자 • 250
'준수한 사람'을 기다리며 • 254
'엘도라도'는 어디에 있는가? • 258 | 돈키호테의 질문 • 262

독자의 에필로그

프롤로그
날개 없이 하늘을 비상하는 천사들에게!

봄 햇살 아래 눈꽃보다 더 눈부시게 빛나는
'최고의 지혜'를 얻기 위해 열 명의 청년이 길을 떠난다.
그들이 갖고 싶어 하는 '최고의 지혜'가 있는 곳은
도시 건너 사막 너머에 있는 '현자의 숲'이다.

사막에 도착한 열 명의 청년들,
도시의 삶에 익숙했던 열 명의 청년들에게
사막은 '맞지 않은 옷'을 입은 것과 같은 '불편'이다.

낯선 존재에게 독침을 쏘아대는 전갈,
모든 것을 다 덮어 버릴 거대한 모래 폭풍,
정오의 열기에서 오는 갈증과 깊은 밤의 냉기,

이런 '날카로운 고통들'을 견디지 못한 청년들은
하나 둘씩 사막횡단을 포기하여 돌아가고
단 한 명의 청년만 끝내 '현자의 숲'에 도착한다.
열 명의 청년을 기다리던 현자가 청년에게 묻는다.

현자 : 그대는 '불친절한 땅'인 사막을 어떻게 통과할 수 있었습니까?
청년 : 저도 친구들처럼 중도에 포기하고 싶을 때가 있었습니다. 그럴 때마다 저는 어머니께서 가르쳐 주신 '왈츠'를 추었습니다.

현자 : 왜 왈츠를 추었는지요?
청년 : 저는 사막의 추운 바람에 '몸'이 굳어질 때마다 왈츠를 추면서 몸을 녹였습니다. 그래야 내일 아침에 사막을 다시 걸을 수 있으니까요.
현자 : 그대에게 내가 비밀 하나를 알려주겠소. 그대들이 찾던 '현자의 숲'은 이곳이 아니라 사실 '사막'이었소. 사막의 위험을 '왈츠'를 추며 이긴 그대는 이미 '최고의 지혜'를 배운 사람입니다.

왈츠는 '축제의 춤'이다.
곧 결혼이나 디너 파티와 같은 '기쁜 날'에
두 사람이 '원'을 그리며 추는 3/4박자의 춤이다.
그런데 청년은 '사막의 고통스러운 순간'에 '왈츠'를 추었다.
왜일까?

그랬다.
청년에게 '왈츠'란 승리 이후에 추는 '축제의 춤'이 아닌
내일의 승리를 바라고 추는 '희망의 춤'이며,
기쁠 때만 추는 '감격의 원무(圓舞)'가 아닌
'지금의 슬픔'을 이기기 위해 추는 '기도의 춤'이었던 것이다.

그런데 도시에도 '사막'은 있다.
곧 "사막이란 사람이 없는 곳이 아니라

사랑이 없는 곳"이기 때문이다.
따라서 희망과 감사와 섬김은 축출되고
욕망, 탐욕, 나태, 불안이 넘실대는 곳이 사막이다.
이런 '사막의 모래'에 갇히지 않으려면
폐활량을 극도로 높인 '숨 가쁜 왈츠'를 추어야 한다.

그렇다.
절망의 늪에서 희망의 공간으로 이륙하기 위해
발목에 힘을 주며 계속 '왈츠'를 추는 사람,
이런 사람은 '날개 없이 하늘을 비상하는 천사'이다.

전작 「천사는 오후 3시에 커피를 마신다」의 후속작인
「천사는 사막에서도 왈츠를 춘다」는
필자가 개설한 '슈필아르트의 인문학 블로그'의
글들로 구성되었다.
블로그의 필명 '슈필아르트'는
"문학과 예술이 삶과 최상의 조화를 이루다"라는 뜻이다.
이 글들이 '도시의 사막'을 횡단하는 독자들에게
'당찬 왈츠'가 되기를 소망한다.

2024년 3월 '센 바람' 부는 날,
조팝나무가 보이는 카페에서 김겸섭 쓰다

"날개는 남이 달아 주는 것이 아니라
자기 몸을 뚫고 스스로 나오는 것이다."
- 치어풀 -

제1부
숨비와 물숨

숨비와 물숨

고희영 감독의 영화 〈물숨〉,
제주 해녀의 하루,
아니 일생을 담아낸 '다큐멘터리 영화'이다.
농부에게 '논밭'이 '생존의 터'이듯,
해녀에게는 '바닷속'이 그곳이다.

해녀들,
깊은 바닷속에서 채집한
전복, 소라, 미역으로 삶을 이어간다.
따라서 이런 것들은 해녀에게 '바다의 보물'이다.

해녀들,
바닷속에서 이런 보물들을 캐다가 '숨'이 차면
급히 바다 수면 위로 고개를 내밀고 '숨'을 쉰다.
이것을 '숨비'라고 한다.

그러나,
해녀가 바닷속의 보물을 '좀 더 많이' 캐려는 생각에
숨이 차오름에도 불구하고
바닷속에서 숨을 쉬는 것을 '물숨'이라고 한다.
해녀가 '물숨'을 쉬면 '폐'에 바닷물이 들어가 죽는다.

따라서 '물숨'은 해녀에게 '금기행위'이다.

물숨,
그것은 '죽음'을 부르는 '탐욕과 욕망의 행위'이다.
오늘날 '물숨'은 '바다만의 일'이 아닌 '도시의 일'이 되었다.
도시에서도 지금보다 더 많은 야망, 권력, 황금을 캐내려고
야멸차게 '숨비'를 거절하고 '물숨'을 쉬는 사람들로 분주하다.

영화 말미에 가슴이 아프나
기억에 오래 남았던 해녀의 한마디 말,

"우리가 바닷속에서
고통스러운 숨을 참은 대가로
땅 위의 내 가족이 숨을 쉬며 산다."

그대 지금,
숨비인가, 물숨인가?

돈이 열리는 나무

작가 사라 스튜어트의 동화 〈돈이 열리는 나무〉,
'중요한 것'과 '덜 중요한 것'에 대해
따스한 언어로 설명해 주는 잔잔한 동화이다.

맥 아주머니 농장 한편에 '이상한 나무'가 자란다.
다 자란 나무에는 '나뭇잎' 대신 '지폐'가 열린다.
돈이 열리는 나무에 대한 소문이 퍼지고
'나뭇잎 돈'을 따러 온 사람들로 농장은 분주해진다.

사람들은 사다리와 자루를 동원하여 '돈 지폐'를 따간다.
그 순간만큼은 가족도 친구도 책도 음악도 없다.
사람들의 모습을 지켜보던 맥 아주머니는 말한다.

"저들은
쉬지도 않는 걸까?"

돈이 열리는 나무도 태생은 '나무'이다.
가을이 되면서 '나뭇잎 돈'은 '낙엽'으로 변한다.
겨울이 오니
맥 아주머니는 마을 아이들과 함께
돈이 열리는 나무를 베어 '겨울 땔감'을 만든다.

사람들에게 '돈'을 선물했던 그 '황금나무'를 말이다.
돈이 열리는 나무에게 "잘 가"라는 작별 인사를 하면서.

이후 맥 아주머니는 자신을 도와준 아이들에게
구운 빵과 딸기잼과 말린 꽃을 선물한다.
아이들의 표정은 돈을 따던 어른의 얼굴보다 더 행복하다.
아이들의 맑은 표정에 맥 아주머니는 화사한 미소를 짓는다.

맥 아주머니는 '돈이 열리는 나무'를 잘라냄으로
내년 여름에 맺을 '돈 나뭇잎'을 포기한다.
기대하지도, 기다리지도 않는 마음으로 말이다.
참 '큰 바보'이다.

궁금하다.
자루에 돈은 채웠지만 '가슴의 자루'는 비워져 버린 사람들,
돈 나무를 잘랐지만 '소중한 것'을 꼭 붙잡은 맥 아주머니,
이 둘 중 누가 더 '삶을 사랑하는 사람'일까?

'꽃자리'의 좌표

열등감 많은 사람,
자기만 '불리한 조건'에 처해 있다고 말한다.
나도 여건만 좋아지면 멋있게 살 수 있다고 호언한다.
이 사람은 평생 다른 사람을 부러워만 하다가 삶을 소비한다.

시기심 많은 사람,
세상이 자신의 가치를 몰라준다고 서운해한다.
남들이 자신보다 잘되는 것은
그들이 실력이 좋아서가 아니라
단지 '운'이 좋아서라고 비판한다.

게으른 사람,
자신은 아직 '때'를 만나지 못해서 '관망하는 중'이라고 말한다.
그럼에도 타인의 실패에 대한 평론을 하기에는 참 부지런하다.
이 사람은 '마음에 꼭 드는 때'만 기다리다
모든 기회를 놓쳐 버린다.

열등감, 시기, 게으름,
이것을 핑계 삼아 '자기 삶'에 '방관자'로 사는 사람은
시인 구상의 시(詩) 〈꽃자리〉를 고요히 읽어야 한다.
그 시의 일부를 나눈다.

"앉은 자리가 꽃자리니라
네가 시방 가시방석처럼 여기는
너의 앉은 그 자리가
바로 꽃자리니라"

가장 좋은 '꽃자리의 좌표'가 궁금한가?
그대가 바라는 '가장 좋은 꽃자리'는 따로 없다.
그저 그대가 처한 여건과 환경이 '가장 좋은 꽃자리'이다.

또한,
그대 마음에 썩 들지 않는 '가시자리'를
조금씩 '가장 좋은 꽃자리'로 만들어가는 사람,
그가 '참 실력자'이다.
그대여,
더 좋은 자리를 기웃거리지 말라.

"이곳보다 좋은
저곳은 없다."

장발장과 마들렌

빅토르 위고의 소설 「레미제라블」,
19년의 형기를 마친 장발장은 '위험한 인물의 증표'인
'노란 통행증'을 지닌 채 사회로 복귀하지만 냉대를 당한다.
식당과 여인숙에서 추방당한 장발장이 "나는 개보다 못하구나"
라며 자조할 때 곁에 있던 한 노파가 말한다.

"저 문은 두드려 보았소?"

노파가 알려 준 문은 미리엘 주교가 봉직하는 주교관이었다.
주교관을 찾아간 장발장은 미리엘의 환대를 받지만
미리엘이 아끼는 은식기를 훔쳐 마을을 떠나려다가
경찰에 체포되어 범행 현장인 주교관에 끌려온다.

미리엘은 장발장에게 "내가 은촛대도 함께 선물로 주었는데
왜 은식기만 가져갔습니까?"라고 묻는다.
미리엘의 따스한 품성에 감동한 장발장은 회심한다.
이어 "이제 당신의 영혼은 하나님의 것입니다"라는
미리엘의 권면에 따라 장발장은 '마들렌'으로 개명하고
지난날을 속죄하는 심정으로 가난한 자에게 선행을 베푼다.
이후 마들렌은 도시의 시장으로 등극한다.
작가는 '회심 이후의 마들렌의 행위'를 이렇게 설명한다.

"흔히 나쁜 일을 몰래 하는 법인데
그는 수많은 선행을 그리하였다."

장발장과 마들렌,
이름만 다를 뿐 '같은 사람'이다.
차이가 있다면
장발장은 세상을 혐오하여 싸우려 했고
마들렌은 세상을 사랑하여 품었다는 것이다.
오늘 그대는 장발장인가, 마들렌인가?

문득 "저 문은 두드려 보았소?"라는
노파의 음성이 귀에 강하게 울린다.
그 음성이 "그대는 길가의 장발장이 문을 두드릴 때
열린 문이 될 수 있는가?"라는 질문으로 치환이 되어서이다.

심장을 켜는 사람

이 시대는 '젖지 않는 시대'이다.
곧 감동에 젖지 않는 '빼쩍 마른 심장의 시대'이다.
가뭄 날 터지지 않는 샘물보다
더 터지기 어려운 샘이 '눈물샘'이라서 그런가?

질문 하나,
가장 위대한 연주자는 어떤 사람일까?
스트라디바리우스 바이올린 연주로
청중을 열광시키던 '파가니니'일까?
과르네리 첼로로 난곡조차 너무 쉽게
연주하던 '로스트로포비치'일까?
스타인웨이 피아노에서
영롱한 음색을 창조하던 '호로비츠'일까?

시인 나희덕의 〈심장을 켜는 사람〉,
이 시에서 그 질문의 답을 발견한다.
일부를 발췌하여 옮겨 본다.

"심장의 노래를 들어보실래요?
이 가방 안에는
두근거리는 심장이 들어 있어요

나는 심장을 켜는 사람
심장이 펄떡일 때마다 달아나는 음들,
이제 심장들을 담아 돌아가야겠어요
오늘의 심장이 다 마르기 전에"

가장 위대한 연주자,
그는 '노래를 잃어버린 사람들'의 '굳어 버린 심장'을
다시 켜서 '노래하는 시인'을 만드는 사람이다.

절망에 억류된 사람의 '회색 심장'을
다시 '켜서' 희망을 말하게 하는 사람,
다툼을 사는 사람의 '날카로운 심장'을
다시 '켜서' 평화의 사람이 되게 하는 사람,
정오에 사람의 시선을 피해 물동이에 물을 채우는
사마리아 수가성 여인을 "내가 그리스도를 만났다"라는
감격스러운 '새 노래'를 부르게 하신 '청년 예수'처럼 말이다.

'디코럼'의 삶

시인 정현종의 시집 「광휘의 속삭임」을 편다.
오늘은 〈아픈 친구의 지구〉라는 시를 음미한다.

"한 친구가 위암 수술을 받았을 때
나는 지구의 자전 속도에 제동을 걸었다.
그 무렵 나는
놀러 가는 일을 그만두었으니
지구의 자전 속도가 줄어든 것을 알 수 있었다."

위암 수술로 '시한부 삶'을 선고받은 친구,
따라서 시간이 흐를수록 가까이 다가오는 친구의 죽음,
친구의 죽음을 멈추게 하려면 '시간'을 멈추게 해야 한다.
시인은 '지구의 자전 속도'에 '제동'을 걸어 시간을 멈추게 했고
유독 시간이 빠르게 흘러가는 것처럼 느껴지는
그가 '참 좋아하는 여행'도 그만두었다.

자신이 외과 의사가 아니기에
친구의 병을 치유할 수단이 없었던 시인,
그런 시인이 친구를 위해 선택한 것은
시간을 흐르게 하는 '거대한 지구와 다투는 것'이었다.

아픈 벗을 위해
자기의 방식대로 '시간'과 투쟁하는 시인,
그 시인과 어울리는 낱말이 있다.
곧 '디코럼(decorum)'이다.

"자신의 신분에
어울리는 세련된 태도."

시인은 벗의 불행 앞에 '타인 행세'를 하지 않는다.
벗의 슬픔을 '남의 일'로 접근하지도 않는다.
그저 벗의 아픔을 '나의 일'로 온전히 수납한다.
이것이 고급스러운 '디코럼의 삶'이다.

외면과 배반이 '너무 쉬운 일'이 되어 버린 이 시대,
신의와 신념이 '무거운 짐'으로 취급받는 이 시대,
시인이 선택한 '디코럼의 삶'은 '상큼한 충격'이다.
디코럼은 '정신적 귀족'이 즐기는 '일용할 미식(美食)'이다.

배려, 지상에서 하는 하늘의 일

봄이 만든 초록의 터널을 한참 지나던 날,
우연히 읽게 된 '짧으나 깊은 글'을 나눠 본다.

"4개월 만에 사이제리아에 갔다.
들떠서 요리를 이것저것 잔뜩 주문해 버렸는데
얼마 후 요리를 가져다준 직원이 들려준 말,

손님, 주문하신 음식이 나왔습니다.
피자는 12시 방향, 샐러드는 3시 방향,
초리소는 10시 방향에 두었습니다.

시각장애인이었던 나,
그날의 식사는 깊은 감동 속에서 편하게
그리고 맛있게 먹을 수 있었다."

순간 가슴이 먹먹해진다.
시각장애인은 먹고 싶은 음식을
후각을 통해 '음식의 냄새'를 파악한 후 먹는다.
그런데 '음식의 종류'가 많을 때에는
부득불 '음식의 냄새'를 맡기 위해
식탁에 코를 가까이 대야만 하는

불편한 장면을 연출해야만 했을 것이다.

그러나 그날,
시각장애인은 음식에 코를 가까이 대지 않고도
식사를 할 수 있었고 그날 식사는 '품위 있게' 진행되었다.
그 직원이 베푼 '섬세한 배려' 때문에.

배려(配慮).
한자어로 '생각(慮)'을 '나누다(配)'라는 뜻이다.
곧 '자신의 이익'에만 몰두하던 생각을
이제 '타인'에게도 나누어 주는 태도가 '배려'이다.
배려는 '지상에서 가장 대접받아야 할 어휘'이다.
약한 자에게 위로를, 아픈 자에게 보호를, 실패한 자에게 기회를,
무지한 자에게 깨달음을 안겨 주는 '눈부신 신비'이기 때문이다.
이런 까닭에 배려는 '지상에서 하는 하늘의 일'이다.

배려,
이제 '그대 차례'이다.

'첼라'를 찾습니다

성서의 민족 히브리인,
그들은 '친구'를 가리켜 '첼라'라고 부른다.
첼라는 '갈비뼈'를 말한다.
곧 '심장'을 보호하기 위해 좌우로 둘러싼
24개의 갈비뼈를 '친구'와 같다고 이해했다.

외부의 충격에서 심장을 보호하기 위해
스스로 그 충격을 받아내는 갈비뼈,
때로 충격이 너무 강하여
갈비뼈가 부러지는 사태가 발생하지만,
그래도 그 자리를 떠나지 않는 갈비뼈,
히브리인들에게는 그런 사람이 '친구'라는 것이다.
친구는 '네 종류'로 구별된다.

첫째 유형은 '외우(畏友)'이다.
외우란 어떤 경우든지 서로를 존경하고
신의를 지키는 품위 있는 친구를 말한다.
외우가 즐기는 일용할 양식은 '배려와 희생'이다.

둘째 유형은 '밀우(密友)'이다.
밀우란 벗이 어려울 때 뒤에서

은밀히 그를 보호하고 섬기는 '조용한 벗'을 말한다.
밀우는 자신을 드러내지 않는 '그림자 사랑'을 한다.

셋째 유형은 '일우(昵友)'이다.
일우란 벗이 즐겁고 기쁠 때만 곁에 머무는 벗을 말한다.
이는 곧 자신의 벗이 고통 중에 있을 때
기꺼이 그의 곁을 떠날 수 있는 벗을 말하기도 한다.

넷째 유형은 '적우(賊友)'이다.
적우란 자신의 이익을 위해 친구를 악용하는 자요,
이익을 놓고 벗과 다투는 사람을 말한다.
가장 위험하고 '질 낮은 벗'이다.

소중한 가치를 존중하는 법을 잃어버린 이 세대,
유독 '외우(畏友)'와 '밀우(密友)'가 그립다.
또한 악이 선을 제압한 암울의 세대이기에
특히 '일우(昵友)'와 '적우(賊友)'가 두렵다.

트롤의 거울

트롤의 거울,
이 거울이 깨지면서 10억 개의 파편이 생긴다.
그 깨진 잔해가 땅에 떨어져
사람의 눈과 심장에 들어가면
그 순간 아름다운 것은 추하게 보이고
고운 것은 악취가 나는 것으로 보인다.
그 결과 꽃은 채소처럼 보이고 음악은 소음이 된다.
결국 자신은 '악마'가 되고 삶은 '지옥'이 된다.

"나는
보기 위해
눈을 감는다."

화가 '폴 고갱'의 말이다.
옳은 말이다.
눈을 뜨면 밖의 '사물'이 보이지만,
눈을 감으면 '내면의 자신'이 보인다.

사실 눈은 '보고 싶은 것'만 본다.
때로는 '왜곡된 눈'으로 바라보니
모든 것이 뒤틀려 보인다.

따라서 눈은 귀보다 잘 속는다.
이런 이유로 보지 못하는 '맹시(盲視)'도 슬프지만
잘못 보고도 바로 보았다고 우기는 '착시(錯視)'는 더욱 슬프다.

우리는 지금 '깨진 트롤의 거울 파편'을 눈에 넣고 산다.
그래서 눈은 '타인의 약점'만 주목하고 '타인의 실수'만 수집한다.
그리고 예각의 날카로운 표정을 한 채 사람의 인격을 훼손한다.
사람이 '짐승의 야만'이 되는 순간이다.

트롤의 거울 조각을 눈에서 빼야 한다.
트롤의 거울도 침실에서 철거해야 한다.
첫돌 아가의 '반달 닮은 선한 눈매'는 그때 탄생한다.

오늘 '잠시 잊고 살았던 꿈'을 다시 꾼다.
길가의 '잡초'를 '꽃'으로 예우하는 고운 눈,
주름진 노인의 얼굴에서 '천사의 표정'을 발견하는 맑은 눈,
곧 신(神)의 형상을 닮은 '착한 눈매'를 갖는 그런 꿈을 말이다.

낡은 문설주가 성물(聖物)이 된 비밀

작가 니코스 카잔차키스의 「그리스인 조르바」,
이 매력적이나 위험한 소설의 한 장면,
곧 '알렉시스'가 들려주는 '짧은 강화'가 생각난다.

알렉시스가 '성지순례'를 다녀오자
그의 친구가 '술과 고기'를 사 들고 찾아온다.
이 친구는 질이 나쁜 '염소 도둑'이었는데
성지순례를 다녀온 알렉시스에게
그곳에서 수집한 '십자가 조각'을 얻으려는 속셈이다.

속셈을 눈치챈 알렉시스,
집으로 돌아가 '썩은 문설주 모퉁이'를 잘라
기름을 바른 후 '부드러운 천'에 싸서 '염소 도둑'에게 준다.
이후 '염소 도둑'은 변한다.
십자가 조각을 목에 건 염소 도둑은 '이제 난 두려울 것이 없다'는
확신 속에서 '파르티잔'이 되어 전쟁터에 나가 큰 공을 세운다.
이 소식을 들은 알렉시스는 지그시 웃으며 말한다.

"믿음이 있다면,
낡은 문설주에서 떼어낸 나뭇조각도
거룩한 성물이 될 수 있지만,

믿음이 없다면,
거룩한 십자가도 그 사람에겐
문설주 나뭇조각만도 못한 것이지."

그렇다.
사실 믿으려 한다면
땅을 진동시킬 만한 기적을 목격하지 못해도 '믿게' 된다.
그러나 믿지 않기로 마음을 정했다면
죽은 자가 다시 살아난다 해도 믿기를 '거절'할 것이다.
사색가 스튜어트 체이스는 말한다.

"믿는 자에게는
증거가 필요 없고,

믿지 않는 자에게는
증거가 소용없다."

화가 고흐의 〈신발〉을 보며

화가 고흐의 작(作) 〈신발〉을 보고 있다.
화가의 평탄치 못한 삶을 대변하듯 낡고 투박한 신발이다.
신발을 볼 때마다 피터 호트 감독이 연출한 영화 〈The Cure〉,
우리에게 〈굿바이 마이 프렌즈〉로 알려진 영화가 기억난다.

수혈을 잘못 받아 '후천성 면역 결핍증'에 걸린 소년 덱스터,
그러나 엄마 린다는 덱스터에게 놀랄 만큼 무심하다.
다행히 덱스터 곁에 '엄마보다 더 엄마 같은 친구'인 '에릭'이 있다.
얼마 후 덱스터와 에릭은 그 병을 치료해 줄 의사가
뉴올리언스에 있다는 소식을 듣고 의사를 찾아 '먼 길'을 떠난다.

먼 길을 가는 동안 덱스터와 에릭의 신발은
'흙과 먼지'로 더러워진다.
에릭은 어른이 되면 꼭 우주에 가고 싶어 했던 덱스터에게
자신의 '흙 묻은 신발'을 벗어 주면서 힘들고 무서울 때마다
자신에게 이렇게 속삭이라고 말한다.

"난 혼자가 아니야.
먼 길을 나와 함께 걸어 주었던
에릭은 분명 내 곁에 있을 거야."

그랬다.
에릭은 자신의 '새 신발'이 '흙과 먼지'로 더러워질 때까지
아픈 덱스터와 함께 걸어 준 친구였다.
그럼에도 덱스터는 죽음을 맞이하게 된다.
선물 받은 '에릭의 신발'을 곁에 둔 채로.

신발,
고대 인디언은 '벗'이 세상을 떠나면
3년간 '신발'을 벗고 맨발로
'무덤의 주위'를 걸어 다녔다고 한다.
어릴 때 함께 맨발로 대지를 뛰어다니던
'추억의 시간'을 재현하며
먼저 간 친구를 기억하는 그들만의 추모 방식이었다.
사랑은 '자신의 곁'을 내어주는 행위이다.
사랑은 '그 누구의 곁'이 되어 주는 것이다.
그 '곁'이 봉쇄되는 순간 삶은 '질식(窒息)'한다.

지금, 외출을 위해 신발장을 연다.
세 켤레의 구두 중 검은색을 꺼낸다.
오늘 하루,
내 구두는 '무엇'을 위해 '흙'을 묻히려 분주할까?

세상에서 가장 강한 독(毒)

평 샤오강 감독의 영화 〈야연〉,
인간 내면에 도사리고 있는 야망과 탐욕을
화려한 영상미에 담아 그려낸 영화로서
셰익스피어의 「햄릿」을 '오마주'한 작품이다.

이름이 '완'이라는 여인은
황태자 '우 루안'과 사랑하는 사이지만,
황제가 자신을 황후로 책봉하게 되어
그 사랑을 이루지 못한다.
절망한 '우 루안'은 황궁을 떠나 가무(歌舞)를 즐긴다.

얼마 후 '우 루안'의 아버지인 황제가
전갈에 물려 죽었다는 비보가 전해온다.
황제의 동생이 왕권과 형수(완)가 탐나 독살한 것이다.
아버지의 죽음을 듣고 황궁에 달려온 우 루안,
자신의 옛 연인이며 아버지의 아내였던 '완'이
새로운 황제(숙부)의 아내가 된 사실에 충격에 빠진다.
사실 '완'은 새 황제가 조카인 '우 루안'을
살해하지 못하게 하기 위해 이런 선택을 내린 것이다.

황후 '완'은 새 황제를 독살하기 위하여

독을 다루는 '독제사(毒劑士)'를 찾아간다.
아직까지 황후 '완'의 마음을 얻지 못하여 초초해진
새 황제는 황후가 된 지 '100일째'가 된 '완'을 위해
야연(夜宴), 곧 한밤의 연회를 명령하고
'완'은 그때를 독살할 기회로 삼는다.

이 부분에서 가장 기억나는 장면,
독제사로부터 세상에서 '가장 강한 독'을 받은 황후 '완'이
문으로 걸어가다가 갑자기 발걸음을 멈추고 독제사에게
"이 독보다 더 강한 독은 세상에 없는 거지?"라고 묻는다.
그때 독제사가 황후에게 대답한 말,

"있지요,
'사람의 마음'이요."

영화 엔딩 이후에도
화려한 영상미와 함께
오래도록 기억나는 대사이다.

인간은 '한 겹'이 아니다

"인간들은 다 뒤에서 욕해.
친하다고 욕 안 하는 줄 알아?
인간이 그렇게 '한 겹'이야?
나도 뒤에서 남 욕해.
욕하면 욕하는 거지, 뭐 어쩌라고."

작가 박해영,
그녀가 작품 〈나의 아저씨〉에서 들려준 말이다.
무슨 일이 있었던 것일까?

때는 회식 자리,
그 자리에 없는 부장(副長)을 흉보는 김 대리,
존경하는 부장을 모독하는 말에 화난 파견직 직원 지안이
김 대리의 '뺨'을 때린 후 그 자리를 떠난다.
이후 '지안의 행위'를 듣게 된 부장이 지안에게 들려준 말이다.

그렇다.
인간은 '한 겹'이 아니다.
삶의 절반(折半)을 '타의(他意)'로 살아야 하기 때문이다.
자의(自意)의 삶이 '반절(半折)'에 불과하니
마냥 '한 겹의 얼굴'로 살기에 이 세상은 버겁고 위험하다.

그런 까닭에 '실시간'으로 '두 겹, 세 겹의 얼굴'로 살아간다.
그러다 어느 순간 자기의 '진짜 얼굴'을 잊어버린다.

화가 제임스 티소,
그는 '인간'을 묘사할 때
가면(假面)으로 '자기 얼굴'을 가린
무도회의 모습에 천착한 화가이다.
그 이유에 대한 설명이다.

"인간의 참 모습은
신(神) 앞에 설 때가 아니라
가면을 썼을 때 비로소 나타난다.
나는 그런 인간의 위선을 고발하려 했다."

가면은 '거짓과 위선의 외피(外皮)'이며
인격의 내피(內皮)가 부실한 사람이 입는 '무대 의상'이다.
나의 가면은 오늘 '몇 겹'일까?

렘노스의 여인들

렘노스의 여인들,
작가 아폴로니우스의 「아르고호의 모험」의 여인들이다.

흑해 연안으로 황금 모피를 찾아 떠난 이아손,
항해 중 식수와 식량의 조달을 위해 '낯선 섬'에 정박한다.
그 섬은 여인들만 사는 '렘노스 섬'이었다.
이 섬에 상륙한 이아손은 당황한다.
이 '렘노스 여인들'이 지닌 '불쾌한 특징' 때문이었다.
곧 '렘노스 여인들의 몸'에서 '악취'가 났던 것이다.
모든 남자는 렘노스 여인을 멀리할 수밖에 없었다.
사랑을 줄 수도, 받을 수도 없게 된 렘노스 여인들,
그 비극의 원인은 무엇이었을까?

오래전 렘노스 섬에 '한 남자'가 방문했다.
비록 '노인'이었지만 '재물과 품격'을 갖춘 사람이었다.
그가 타고 온 배에는 '많은 보석'이 실려 있었다.
렘노스 여인 중 가장 아름다웠던 왕비가 노인과 결혼한다.
그리고 이튿날 노인을 살해하고 배에 남겨진 재물을 탈취한다.

왕비의 악행에 분노한 하늘,
렘노스 여인들에게 '재앙'을 내린다.

곧 렘노스 여인들의 몸에서 악취가 나게 하는 것이었다.
그 악취는 남자들을 가까이 오지 못하게 했다.
더 이상 렘노스 여인들은 남자를 기만하지 못했다.

악취 나는 렘노스 여인,
자신의 지성과 영성을 자랑하면서도
일상에서는 '얄팍한 탐욕과 이기심'의 악취를 뿜어내는
'타락한 종교인들'의 모습으로 부활했다.

엔젤 아우라(angel aura),
사람을 감화시키는 '착한 영향력'을 말한다.
삶에서 '착한 냄새'가 피어오르는 사람이다.

나,
렘노스의 여인인가,
엔젤 아우라인가.

나는 '윌리엄 시드니 포터'가 아닙니다

1892년 미국 노스캐롤라이나 주에서 출생한
'윌리엄 시드니 포터'라는 남자가 있었다.
부친은 지방 소도시의 의사였고
모친은 문학에 탁월한 감성을 지닌 분이었다.
그러나 두 분은 남자가 어릴 때 세상을 떠났고
그 어린아이는 정규교육도 제대로 받지 못한 채
약국을 운영하는 '숙부'에게 맡겨진다.

이후 텍사스로 간 이 남자,
그곳에서 '사회의 밑바닥 생활'을 경험하게 된다.
곧 약국 점원, 직공, 카우보이를 하면서 버거운 삶을 살아간다.
25세가 된 이 남자는 17세의 좋은 여인을 만나 결혼한다.
1891년 오스틴 은행에 근무하게 된 이 남자는
아내의 조언에 따라 주간지를 창간하면서 문필가의 길을 걷는다.

그러나 불행이 시작된다.
얼마 후, 근무했던 은행으로부터 공금횡령으로 고소당해
결국 남자는 '남미'로 도피하게 된다.
그러나 '아내의 위독 소식'을 듣고 돌아와
그녀의 임종을 지켜본 후 곧 수감되어
'3년간의 수형살이'를 하게 된다.

감옥에 갇힌 이 남자,
남겨진 딸의 부양을 위해
자신의 경험을 담은 단편소설을 신문사에 기고하게 된다.
반전과 위트가 번득이던 이 남자의 단편소설은 평판이 좋았다.
이후 출소한 이 남자는 300여 편의 단편소설을 발표하여
문단의 갈채를 받는다.

많은 부와 명성을 얻은 이 남자,
어느 날 길을 걷다가 자신과 동향인
어떤 여인으로부터 인사를 받는다.
"혹시 윌리엄 시드니 포터 씨가 아닌가요?"

그러자
그 남자는 정색을 하며 말한다.

"나는 윌리엄 시드니 포터가 아닙니다.
내 이름은 '오 헨리'입니다."

그랬다.
이 남자는 「마지막 잎새」, 「크리스마스 선물」,
「경찰관과 찬송가」, 「도시의 음성」 등을 발표하여

사람들의 마음에 깊은 여운을 안겨 준 작가 '오 헨리'였다.
본명 '윌리엄 시드니 포터'보다 필명 '오 헨리'로 더 알려진 이 남자.
그는 소설을 쓰기 시작하면서 타인에게 자신을 소개할 때
단 한 번도 자신을 '윌리엄 시드니 포터'라고 한 적이 없었다.
그 시절 어두운 과거가 묻어나는 '윌리엄 시드니 포터'라는
이름을 지우고 자신처럼 힘들게 살아가는 사람들에게
희망을 주는 작가로 살기 위해 본명 대신
필명인 '오 헨리'로 자신을 소개했던 것이다.

실패한 사람 윌리엄 시드니 포터,
실패를 딛고 우뚝 선 사람 오 헨리,

문득,
그대의 '어그러진 과거의 삶'이
지금의 자신에게 '열패감'을 던지며 괴롭힐 때,
그런 까닭에 '자신의 오늘과 내일'을 심하게 방해할 때,
스스로에게 이렇게 말해 보면 어떨까?

"나는 이제
윌리엄 시드니 포터가 아닙니다."

'보통'과의 작별

리처드 버크의 「갈매기의 꿈」 속의 갈매기 조나단 리빙스턴,
조나단은 사람들이 던져 주는 '먹이'를 먹으며 생존하는
'보통 갈매기'로 사는 것을 차갑게 거절한다.
조나단의 꿈은 '독수리'보다 더 높이 하늘을 비상하는 것이다.
조나단의 특별한 결심은 '보통 갈매기들'의 비난을 받는다.

갈매기를 넘어 독수리를 꿈꾸던 조나단,
이후 조나단이 비행고도를 높일 때마다
연약한 날개는 거센 바람에 부딪쳐 꺾이기를 수천 번,
마침내 조나단은 독수리만의 고유 영역인
'구름 위의 하늘'을 날게 된다.
그러나 조나단이 '보통의 갈매기들'에게로 돌아왔을 때
그를 기다리고 있던 것은 '환대'가 아닌 '냉대'였다.

그렇다.
세상은 "모난 돌이 정 맞는다"라는 논리를 내세워
사람들을 '보통'과 '평범'에 머물도록 강요한다.
그러나 작가 올더스 헉슬리는 말한다.

"세상을 지배하고 있는 것은
보통 사람들이지만

세상을 변화시키는 것은 특별한 사람들이다."

1837년 파리에 처음 개점한 브랜드 에르메스(Hermes),
말의 안장을 제작하는 가공업으로 출발한 기업답게
고품질의 가죽을 얻기 위한 집념은 결벽에 가깝다.
에르메스는 엄격한 심사를 통과한 고급 가죽을
다시 참나무 껍질과 구덩이에 넣어 10개월을 보관한 후
무두질을 할 때 미세한 균열도 없는 '극상의 가죽'만 선택한다.
재봉에는 반드시 '밀랍을 덧입힌 실'만 사용했다.
또한 마지막 단계에서는 장인, 공방, 연대를 표기하여
제품이 손상되었을 때 그 제품을 제작한 장인이 직접 수공하게 했다.
제품과 고객에 대한 '특별한 태도'를 가능하게 한 힘은 무엇일까?
에르메스의 창업자 티에리가 남긴 유훈에서 그 단초를 발견한다.

"최고의 것을 얻기 위해서는
어떤 대가라도 지불한다."

럭셔리는 '사치'가 아니다.
럭셔리는 '보통'과 '평범'에서 발견할 수 없는 '고결한 품격'이다.
따라서 '럭셔리'는 '가난의 반대말'이 아닌 '천박함의 반대말'이다.

갈매기 조나단,
에르메스,

이들은 '보통과의 작별'을 선택했다.
모방과 표절과 답습으로 살아가는 '보통의 방식'과 단절했다.
그 결과 '보통'을 '삶의 표준'으로 강요받은 사람들에게
보통 너머에 '고급스러움'도 있다는 진실을 알려 주었다.

'부드러움'에 찔리다

함민복 시인,
그는 세상이 이념, 정치, 종교로
너무 딱딱해져서 살기 힘들다고 신음한다.
그래서 '세상에서 가장 강한 힘'은
'말랑말랑한 힘'이라고 말한다.

그렇다.
모든 '굳은 것'은 '생명'을 '잉태'하지 못한다.
굳은 모든 것은 분명 '불임(不姙)'을 산다.
2월을 맞이한 농부가 밭에 나가 겨우내 '굳었던 땅'을
뒤집는 '기경'과 좋은 흙을 가져다가 굳은 땅에 섞는 '객토'도
그 땅을 '말랑말랑'하게 만들어 '3월의 파종'을 하려는 것이다.

부드러움,
너그러움,

그것은 '연약함'이 아니다.
모든 것을 품을 수 있는 '여유로움'이다.
예각이 아닌 둔각의 품성이 삶과 사람을 살린다.
다시 함민복 시인의 시집 「말랑말랑한 힘」에
실린 〈봄꽃〉이란 시를 낭송하여 본다.

"꽃에게로 다가가면
부드러움에 찔려

삐거나 부은 마음
금세 환해지고 선해지니

봄엔
아무 꽃침이라도 맞고 볼 일"

그렇다.
날카로움에 찔리면 죽지만
부드러움에 찔리면 살아난다.

그러니 그대여,
이제 '부드러운 꽃침'에 한번 찔려 보자.
그대 삶에 '무슨 일'이 발생하는지
침착하게 기대하면서 말이다.

시인이 된 우체부

마이클 래드포드가 연출한 영화 〈일 포스티노〉,
안토니오 스카르메타의 소설 「네루다의 우편배달부」를
감독 특유의 영상미로 각색한 수려한 작품이다.

칠레 독재정권의 압제를 피해 시인 네루다가
외딴 섬으로 망명한다.
네루다의 독자들이 시인에게 편지를 보낸다.
우체국에서는 수백 통에 달하는 편지를
배달할 직원이 필요했고 청년 마리오가 선발된다.
식수조차 구하기 어려운 가난한 섬에서
어부의 아들로 태어난 마리오는 '삶의 의욕'이 없다.

우체부(일 포스티노)가 된 마리오는
아침마다 자전거를 타고 네루다에게 편지를 전달한다.
섬에 갇혀 살던 마리오는 네루다와 대화하면서
"시(詩)는 삶을 설명하는 은유"라는 말을 듣는다.
이후 마리오는 '네루다의 시'를 읽기 시작한다.
마리오는 자신이 흠모하는 '베아트리체'에게
네루다의 시를 자신의 시처럼 읽어 주며 그녀의 마음을 얻는다.
자신의 시를 표절당한 네루다가 항의하자 마리오가 대답한다.

"시는 시인의 것이 아니라
그 시를 필요로 하는 자의 것입니다."

이후 칠레에서 네루다의 체포령이 철회되어
네루다는 귀국하고 마리오는 혼자 섬에 남게 된다.
그러나 네루다의 시를 통해 '시대정신'에 눈을 뜬 마리오는
부정 선거에 항의하는 시위대의 단상에 올라
자신이 '생애 처음 지은 시'를 낭독하여 군중을 감동시킨다.
마리오는 더 이상 '우체부'가 아닌 '시인'이었다.
자신이 존경하는 '시인 네루다'처럼.
영화 말미에 마리오는 해산하는 군중에 깔려 죽음을 맞지만
끝내 '시인의 표정'을 지으며 평안히 눈을 감는다.

우체부 마리오를 시인으로 변모시킨 것은 '시(詩)'였다.
그 시는 '우울'에 빠진 마리오를 '전사(戰士)'로 탈바꿈시킨다.
인문학의 힘이다.
시와 그림과 음악과 불화(不和)하면
'세상의 절반'을 잃고 사는 것이다.
절반을 분실한 인간은 황금만 탐닉하는
'욕망기계'로 전락하고 만다.

제2부
자기 삶을 예우하라

자기 삶을 예우하라

목수가 불평한다.
"나는 겨우 '나무'나 깎아서 먹고 산다.
석수장이는 돌을 깨서 '멋있는 석상'을 만드는데."

석수장이가 불평한다.
"나는 온종일 무거운 돌을 옮기고 깎느라 손목이 상한다.
농부는 소나 당나귀를 몰면서 편하게 일하며 사는데."

농부가 불평한다.
"나는 평생 '흙'이나 만지고 사는구나.
어부들은 '넓은 바다'에서 멋있고 활기차게 사는데."

어부가 불평한다.
"거친 바다에서 조업을 마치고 무사히 집에 돌아갈 수 있을까?
농부는 비와 바람이 불면 잠시 집으로 피해 쉴 수 있는데."

목수와 석수,
농부와 어부,
서로가 서로를 부러워한다.

그들이 모르는 사실,

모든 일에는 '고마움'과 '위험'이 함께 있다는 것.
따라서 '자신의 일'을 자신부터 사랑하지 않으면
그 일은 '일'이 아니고 '고역(苦役)'이 된다는 것.
대서사시 「실낙원」의 작가 존 밀턴은 알려 준다.

"지옥의 악마는
불평과 원망을 먹고 키가 자란다."

그대여,
자기 삶을 학대하지 마라.
자기 삶을 '성직(聖職)'처럼 예우하라.
그래야 삶이 약동한다.
스페인 출신 구두장인 '마놀로 블라닉'은 말한다.

"나는 가죽 냄새를 사랑한다.
나에게 있어
가죽 냄새는 곧 향수이다."

메아 쿨파

"인간이 만든
모든 것 가운데
가장 위대한 것."

단테의 「신곡」을 읽은 후 감탄한 괴테가 남긴 '찬사'이다.
단테의 「신곡」 연옥 편 제9곡에서
신실한 그리스도인 '루치아'의 안내로 연옥 입구에 도착한
단테와 베르길리우스는 입구에 있는 '세 개의 계단'을 발견한다.

첫째 계단 - 얼굴이 비칠 만큼 투명한 흰색 계단,
둘째 계단 - 좌우로 금이 가 있는 흑색 계단,
셋째 계단 - 동백꽃보다 더 짙은 붉은 색 계단.

투명한 '흰색 계단'은 자신의 삶을 비춰 보는 행위,
좌우로 금이 간 '검은 계단'은 죄악으로 균열된 영혼의 상태,
또 '적색 계단'은 죄에 얼룩진 영혼을 정화시켜 줄
'그리스도의 보혈'이다.
이 '세 계단'을 본 단테는 "메아 쿨파, 메아 쿨파, 메아 막시마 쿨파"
라고 외치며 가슴을 '세 번' 친다.
단테가 외친 이 '세 마디' 라틴어의 뜻은 이러하다.

"제 탓입니다.
제 탓입니다.
제 큰 탓입니다."

순간 금강석으로 만들어진 문지방에 앉아 있던 천사가
들고 있던 칼로 단테의 이마에 '죄'를 의미하는
라틴어 '페카툼(peccatum)'의 첫머리 'P'를 '일곱 개' 새겨 준다.
그것은 영혼을 오염시키는 '일곱 개의 죄악'을 의미한다.

교만, 질투, 분노,
게으름, 탐욕, 탐식, 정욕.

천상 여행을 계속하던 단테가 '진리'를 깨달을 때마다
이마에 새겨졌던 '7개의 P'가 하나씩 지워진다.
단테가 천국에 입성할 때쯤에는 이마의 'P'가 없게 된다.

그런데 오늘날,
메아 쿨파가 사라졌다.
나부터.

'유노 모네타' 신전

유노 모네타 신전,
지금은 무너져 사라진 '고대 로마 최고의 신전'이었다.
이 '화려한 신전'의 이력(履歷)을 본다.

로마의 카피톨리누스 장군,
그는 유노 신전에 바쳐진 '거위의 울음'을
신의 음성으로 듣고 군대를 정비하여
'갈리아 군대'를 물리친다.
이후 거위는 독수리와 함께
로마에서 신성한 존재로 예우 받게 된다.

승리 이후,
집정관 카밀루스가 카피톨리누스 장군의 집 근처에
신전 '유노 모네타(Uno Moneta)'를 건축하였다.
그리고 이곳 '유노 모네타 신전'에서
로마재정을 충당할 '금화(金貨)'를 주조했다.

이런 까닭에,
로마의 금화에는 '유노 모네타'라는 글이 새겨졌고,
사람들은 그 '금화'를 '모네타(Moneta)'라 불렀다.
이후 '모네타'는 '돈'을 의미하는 '머니(Money)'가 된다.

이 시대,
모네타(Moneta)라는 '유일신'이 집권한 시대이다.
비록 '눈에 보이는 신전(神殿)'은 없어도
여전히 '화려한 추앙'을 받는 '강하고 힘 있는 신'이다.
따라서 '유노 모네타'를 출입하는 '신도'가 급증한다.
은(銀) 30에 예수 그리스도를 팔아넘긴 가룟 유다는
이 신전을 섬기는 대제사장이었을 것이다.

돈이 말하는 시대,
그것은 '돈이 없으면 아무것도 하지 못하는 시대'이다.
또한 '돈이 말하는 시대'는 '사람이 말을 하지 못하는 시대'이다.
작가 세르반데스는 「돈키호테」에서 말한다.

"철기시대 이전을 '황금시대'라고 부르는 이유는
그 시대에는 '내 것'이란 단어가 없었기 때문이다.
진정한 황금시대는 황금이 멸시받을 때 찾아온다."

비프스튜 클럽

작가 루이스 베리시무의 소설 「비프스튜 자살클럽」,
고상한 취미라고는 전혀 모르는 10명의 탕아들,
그들이 유일하게 기쁨을 느끼는 행위는
오직 맛있는 음식을 먹고 마시는 '도락 행위'이다.

이 사람들은 매월 한 번씩 모여
일반 사람이 접할 수 없는 '고급 음식'을
자신들만 먹을 수 있다는 사실에 스스로를 위로하며 산다.
그래서 '미식(美食) 모임'을 '비프스튜 클럽'이라고 명명한다.
그러나 리더였던 '라모스'가 죽자 '비프스튜 클럽'도 시들어간다.

그러던 어느 날,
'루시디오'라는 의문의 요리사가 등장한다.
그는 이제껏 맛보지 못한 요리를 만들어 모두를 놀라게 한다.
시들어가던 '비프스튜 클럽'에 생기가 돈다.
그런데 문제가 발생한다.
매월 요리사 '루시디오'가 요리한 음식을 먹은 후에
회원 중 한 사람이 '이유 없이 죽는 사건'이 발생한 것이다.

미식(美食)과 죽음,
처음에는 이 둘의 관계를 애써 부정했지만

세 번째 멤버가 죽었을 때
맛있는 음식에 '독'이 들어 있을지 모른다고 의심한다.
그럼 이제부터 그 음식을 먹지 않으면 되는 것이다.
그럼에도 남은 일곱 사람은 '계속' 음식을 먹기로 한다.
죽을 줄 알면서도 여전히 그 음식을 탐닉하다니.
이유는 하나,
그 음식이 너무 맛있다는 것이다.

죽을 줄 알면서도 끊지 못하는 맛에 대한 집착,
결국 9명까지 다 죽고 이제 '다니엘'이란 청년만 남는다.
인간 욕망의 집합체인 '비프스튜 클럽'은 지금도 '성황 중'이다.
작가는 소설 말미에 리더 '라모스'가 남긴 말을 수록함으로
이들의 허영을 차갑게 비꼰다.

"인간은 필요한 것보다
더 많은 것을
원하는 유일한 동물이다."

잠을 죽인 사람

작가 오노레 드 발자크,
그는 철학을 닮은 소설을 쓰는 작가이다.
특히 소설 「고리오 영감」이 그렇다.
이 소설에서 사기꾼 보트랭이
청년 외젠에게 던지는 말에 잠시 주목해 본다.

"인생은 부엌보다 깨끗하지 않아.
부엌처럼 악취를 풍기지.
자네가 만찬을 요리할 작정이면
손을 더럽힐 각오는 돼 있어야지.
진짜 기술은 그 손을 다시 깨끗이 하는 거야."

이 말에 동의하는가?
손을 더럽혀서 얻은 출세와 권력이
그 과정에서 더럽혀진 양심과 영혼을 위로할 수 있을까?
아닐 것이다.

셰익스피어는 사람의 혀에는 '100개의 양심'이 살고 있어서
설사 자신의 범죄를 완전히 은폐했다 해도
그 혀가 스스로 '자신의 행위를 후회하는 발언'을
쏟아낸다고 했다.

때로는 자신의 범죄를 '잠꼬대' 중에 밝힌다고 했다.
세상에서 가장 좋은 것은 '편안한 마음'으로
잠자리에 드는 것이다.
그러려면 잠들기 전의 하루가 마음속에 '거리낌'이 없어야 한다.

국왕 던컨을 살해하고 권력을 찬탈한 맥베스와 아내,
피 묻은 권력과 타락한 양심의 손을 잡은 두 사람에게
하늘은 숙면(熟眠)을 허락하지 않았다.
맥베스의 아내는 몽유병에 걸려 궁궐을 방황하고
맥베스는 황금 침실에 누워도 악몽을 꾸며 잠을 설친다.
고통 중에 맥베스는 이렇게 외친다.

"이제 맥베스에게 잠은 없다.
맥베스가 잠을 죽였다."

하늘이 범죄자에게 선고하는 가장 무거운 극형은
자기 행위에 대한 불안으로 '불면(不眠)'을 살게 하는 것이다.
그대 오늘 밤,
꿀잠인가?

황금신(神)의 탄생

"나는 천국에서
신의 종으로 살기보다는
지옥에서 왕으로 살겠다."

존 밀턴의 「실낙원」,
천사장 루시퍼가 신에게 반란을 일으킬 때의 선언문이다.
그런데 '루시퍼의 반란'에 참여하다가
하늘에서 추방된 천사 중 '맘몬'이라는 존재가 있었다.

맘몬,
그는 검은 몸에 새의 머리가 두 개,
긴 손발톱을 지니고 있으며,
항상 고개를 숙이고 땅을 살피며 걷는 존재이다.
맘몬이 고개를 숙여 땅을 보고 다니는 까닭은
땅 아래 매장이 되어 있는 '황금을 발견하는 능력' 때문이다.

그래서 '맘몬의 곁'에 있으면
다른 천사들도 '황금'을 선물로 받게 되어 '부자'가 될 수 있었다.
그런데 천상에서 인기 절정을 구가하던 맘몬이
루시퍼의 반란 사건에 연루되어 하늘에서 추방되자,
맘몬에게 있었던 '황금 찾는 능력'은 '타락한 인간'에게 옮겨진다.

그 결과,
인간들은 '하늘의 하나님'을 바라보는 대신
고개 숙여 땅을 보며 '황금'을 수집하는 괴물이 되었다.
그 과정에서 신의 형상인 '양심과 도덕'이 훼손되었다.
이것이 '황금'을 '전능한 신'으로 섬기는 '맘모니즘의 탄생'이다.

고대 그리스인들,
인간을 '안드로포스'라고 표현했다,
그 의미는 "하늘을 바라보는 자"이다.
따라서 인간이 '하늘 바라보기'를 포기하는 순간,
인간은 '인간의 자격'을 박탈당한다.
돼지는 죽을 때 '단 한 번' 뒤집어져서 '하늘'을 본다고 한다.

그대,
안드로포스인가,
돼지인가?

사마리아인의 지갑

사람들은 '명품'에 열광한다.
남자는 지갑, 여자는 핸드백이다.
남자에게 있어 '지갑'은 특별한 의미를 지닌다.
그 안에 현금뿐만 아니라
자신의 '사회적 신분'을 드러낼 '황금 명함'을 넣기 때문이다.
그 명함 한 장으로 인해 자신이 받는 예우는 달라진다.

그러나 여기,
이 명품들을 능가하는 '전혀 새로운 지갑'이 있다.
그것은 '사마리아인의 지갑(Samaritan's Purse)'이다.
사마리아인의 지갑?
그런 브랜드가 있었던가?

그렇다.
분명 그대에게 낯선 브랜드이다.
그것을 만든 장인(匠人)도,
제조국도 전혀 알려지지 않은 지갑이다.
그러나 소수의 심미안을 지닌 사람에게
지금도 여전히 충동구매를 유발하는 지갑이다.

이미 '잊힌 전쟁'이 된 6.25 동란 때

종군기자로 참전했던 로버트 피어스는
거제도에서 전쟁고아들의 참상을 목격한 후 충격으로 전율한다.
그는 전쟁으로 이 땅에서 이미 지옥을 사는 고아들을 위해
1970년 '사마리아인의 지갑'이라는 구휼 단체를 설립한다.
그리고 각처의 사람들에게
탐욕, 사치를 위해 열었던 우리의 지갑을
이제 '지옥을 살아가는 이들'을 위해 열자고 설득한다.

그의 설득에 감동한 사람들,
작은 현금을 모아 '사마리아인의 지갑'에 기부한다.
그중 부둣가에서 생선상자를 나르는 사람들도 많았다.
그 '사마리아인 지갑' 속의 현금은 곳곳에 나누어져
어둠을 살던 자에게 '사람이 살 만한 내일'을 제공해 준다.
지갑 속에 '현금'만 아닌 '사랑'을 넣고 다니는 사람이 '큰 사람'이다.

그대의 지갑,
어떤 브랜드인가?

황소 동상, 그 눈부신 재앙

미국 뉴욕 맨해튼 월스트리트,
이곳을 찾은 사람들에게
가장 인기가 많은 것은 '황소 동상'이란다.
왜일까?

황소는 고대 이집트가 섬겼던 번영의 신 '아피스(apis)'이다.
농경사회에서 차지하는 '황소의 힘'을 반영한 것일 것이다.
또한 황소는 북유럽인들에게 '신성한 존재'였다.
스웨덴 왕 '갈피'를 찾아온 '신비한 여인 게프온'이
그 왕에게 '유익한 이야기'를 들려주었고,
이야기에 감동한 스웨덴 왕 갈피는
"황소 네 마리가 오늘 하루 동안 경작한 땅을
네게 선물로 주겠다"라고 그녀에게 약속한다.
그날 '게프온의 네 마리 황소'는 무서운 속도로 땅을 경작했고,
갈피는 '네 마리 황소가 경작한 넓은 땅'을 게프온에게 하사한다.
이 땅이 오늘날의 '덴마크'라는 것이다.
북유럽인들에게 황소는 '토지를 선물하는 신'이었다.

월가에 '황소 동상'을 설치된 이유,
그리고 사람들이 유독 '황소 동상'에 몰리는 이유,
그것은 사람들이 '황소 동상'을 만지면서

자신에게도 '뉴욕 맨해튼 월가의 부와 명예'와
게프온이 받은 '토지의 복'이 주어지기를 갈망하기 때문이다.
곧 '황소 동상'은 인간을 지배하고 있는 '탐욕의 오브제'이다.
어찌 황금이 주는 '대단함'과 '편리함'을 모를까?
그럼에도 황금이 미더스 왕을 비극으로 몰아간
'카론 카콘(kalon kakon, 아름다운 재앙)'이 될 수 있음도 안다.

몇 년 전 가을,
설경이 아름다운 '일본 홋카이도의 오타루'에 간 적이 있다.
그곳에서 바라본 산등성이의 석양빛과 작으나 맑은 운하,
그리고 '붉은 빛깔의 오르골 소리'와 오렌지색의 각양 꽃잎들,
그것을 지켜보는 시간 내내 '황금빛 감동'으로 충분히 부유했다.
그때 '참 좋았던 추억'은 지금도 여전히 나를 행복하게 한다.

이런 삶,
내가 '뉴욕의 황소 동상'을 만지지 않고도
줄곧 행복을 향유하는 '고마운 힘'이다.

그대의 'I'는 무엇입니까?

엘리자베스 길버트의 소설 「먹고 기도하고 사랑하라」,
이혼의 고통으로 '나(I)'가 붕괴되어 가던 여류 소설가 리즈,
친구의 조언에 따라 '잃어버린 나(I)'를 찾기 위해
비행기 티켓을 끊는다.
리즈가 선택한 여행지는 스펠링 'I'로 시작하는 '세 나라'로
곧 이탈리아(Italia), 인디아(India), 인도네시아(Indonesia)이다.

먼저 '이탈리아'로 간 리즈,
그곳에서 '별미'를 먹으며 '삶의 맛'을 배운다.
음식과 식탁은 단순히 '먹는 행위'가 아니라
서로의 아픔과 기쁨이 공유되고 치유되는 성스러운 공간,
곧 '성찬'과 같은 가치가 있음을 알게 된다.

다음 '인디아'에서의 리즈,
현자와 성자와 교류하면서
신(神)을 '경외하는 삶'과 '기도'를 배운다.
인간이 신 앞에 설 때
다툼이 없는 평화를 살아갈 실력을 얻게 됨을 알게 된다.

마지막 '인도네시아'에서의 리즈,
자신의 외로움을 치유해 주는 '사랑스러운 사람들'을 만난다.

그들과 사랑을 통해 세상은 여전히
희망과 감탄이 '생존하고 있는 공간'임을 알게 된다.

여행을 마치고 다시 집으로 돌아온 리즈,
부서진 'I'에서 단단해진 'I'로 재활된다.
이후 리즈의 삶은
삶의 외곽을 배회하는 '바깥의 삶(outside)'에서
자기 삶을 아끼고 사랑하는 '안의 삶(inside)'으로 복귀한다.

멋있는 삶,
그것은 "먹고 기도하고 사랑하는 것"이다.
그냥 말고 '세 가지 앞'에 '잘(good)'을 붙여야 한다.

문득,
그대의 'I'는 어떤지 궁금하다.

로댕의 〈지옥의 문〉

프랑스 조각가 오귀스트 로댕,
그는 단테의 「신곡」을 애독했던 예술가였다.
로댕의 작(作) 〈지옥의 문〉을 주목해 본다.

186여 개의 작은 조각상이 새겨진 〈지옥의 문〉,
지옥에 떨어진 200여 명의 인간들의 모습을 바라보는
'생각하는 사람'에 시선이 머문다.
그는 턱에 손을 괸 채 깊은 상념에 잠겨 있다.
지옥을 바라보고 있지만 그의 눈은 감겨 있다.
입은 굳게 닫힌 채 '침묵 중'이다.
그러나 '생각'은 '침묵 중'이 아니다.

작품 속 '생각하는 사람'은 사실 '단테'이다.
로댕은 지옥에 던져진 사람들이 받는 형벌을 보며
생각에 젖던 단테의 모습을 형상화한 것이다.

그런데 시인 단테치고는 지나치게 '근육질'이다.
이 '남자의 근육'은 '육신의 근육'이 아니라
묵상과 사색으로 만든 '사유(思惟)의 근육'이다.
그렇다면 이 남자는 무엇을 '생각'하고 있는 것일까?
혹 이것이 아닐까?

"지옥은 현실보다 공정한 곳이구나.
현실에서 실현되지 않는 정의가
이곳에서는 실현되고 있으니 말이다."

그렇다.
현실은 돈과 권력만 있으면,
죄에 대한 심판이 실현되지 않는 곳이다.
그러나 지옥은 예외가 없다.
로댕은 형벌이 집행되는 지옥을 보여 줌으로써
악을 즐기고 사는 인간의 오만함을 경고하려 했다.
이 시대는 생각하기를 참 싫어한다.
따라서 '사색(思索)'보다는 '검색(檢索)'을 좋아한다.

생각하는 사람,
그가 앉아 있었던 사유의 자리,
이제 '그대가 앉을 차례'가 아닐까?

Live와 Evil

Live(살다),
이 낱말의 철자를
반대로 쓰면 Evil(악)이 된다.

Live(살다)와 Evil(악),
내게 이 두 낱말은
삶(Live)의 기준과 방향을 잘못 설정하면
그 삶은 악(Evil)으로 치닫게 되는 것으로 읽힌다.
우연치고는 너무 놀랍다.

히포의 교부 아우구스티누스,
그는 '악'을 '선의 결핍'으로 해석했다.
악을 '올바름의 결핍'으로 이해한 그분의 해석에 동의한다.
그러나 내게 충분한 설득은 주지 못한다.
악은 '선의 결핍'이라기보다는 '선의 거절'이다.
즉 '선에 대한 저항'이 '악의 실체'이다.
곧 삶의 내용이

배려를 거절하고 군림을 선택하는 것,
겸손을 거절하고 오만을 사랑하는 것,
신을 거절하고 탐욕을 모시고 사는 것,

용서를 거절하고 정죄를 즐기는 것,
이런 것들, 즉 '악의 민낯'이다.

그리스 철학자 소크라테스,
그의 소망은 '행복한 죽음을 맞는 것'이었다.
그는 "삶(철학)은 죽음을 연습하는 것이다"라고 했다.
곧 "신 앞에 부끄럽지 않는 삶을 산다면
죽음조차 두려운 것이 아니다"라는 의미일 것이다.

이런 까닭에,
복된 죽음(well-dying)도 귀하지만
복된 삶(well- being)은 더욱 귀하다.
복된 삶을 살아야 복된 죽음이 '예약'되기 때문이다.

오늘날,
Live가 Evil로 전락된 사람을 자주 목격한다.
감기처럼 다가오는 '시대의 우울'은 이럴 때 시작된다.

게으름은 '중독'이다

요나단 스위프트의 정치소설「걸리버 여행기」,
이 작품에 걸리버가 난파 중 경험한 '네 국가'가 있다.
그것들은 각각,

소인들이 사는 릴리프트,
거인들이 사는 브롭딩낵,
날아다니는 섬인 라푸타,
추악한 야후와 선한 말(馬)이 사는 후이늠.

그런데 걸리버가 방문한 라푸타 곁에
특이한 나라가 또 하나 있었다.
곧 마법사의 나라 '바르니바비 왕국'이다.
걸리버가 이 나라 수도 '라가도'에 가보니
이곳에는 깊은 사색에만 집중하는 사람들과
공상적인 연구에 몰입하는 학자들만 산다.

그랬다.
이 나라는 '지적 허위'가 지배하는 나라이다.
그리고 '게으른 사람들만' 살고 있었다.
이 나라에는 '땀'이나 '노동'이 없다.
그 결과 걸리버가 방문한 국가 중에 가장 '가난'하다.

이 '라가도'의 가난은 '게으름'이라는 '질병'이 만든 증상이었다.
사상가 요시모토 다카아키는 '14세 나이'를 이렇게 규정한다.

"나이 14세란,
세상을 알아야 할 시기이다.
그래서 14세란,
신문을 읽어야 하는 시기를 말한다."

공감이다.
그러나 14세가 알아야 할 것이 어찌 '신문'뿐이겠는가?
14세부터는 책임지는 법, 약속을 지키는 법, 배려하는 법,
위로하는 법과 같은 숭고한 가치를 배워야 하지 않을까?
특히 '게으름'이라는 '끈질긴 악덕'을 거절하는 법을
체득하는 시기가 되어야 하지 않을까?
덴마크 격언을 소환해 본다.

"게으름은
악마가 선물한 베개이다."

무지에게 '유죄'를 선고하다

베르나르 베르베르의 단편소설 「수의 신비」,
이 작품 속에 '특별한 국가'가 있다.
이 나라는 권력자들이 '숫자에 대한 지식'을 독점한다.
숫자를 더 많이 아는 것이 '권력'이었기 때문이다.
학교에서는 '숫자 9'까지만 가르치기 때문에
국민들은 '10 이상의 숫자'가 있다는 사실을 모른다.

10 이상의 숫자를 알고 있던 소수의 권력자인
대사제들은 '10의 수호자들'이라는 근위조직을 만들어
10보다 큰 숫자를 말하거나 알려고 하는 사람들을 살해한다.
그리고 그 살인죄를 '10 이상의 숫자'를 은밀히 탐구하던
'파르밀 사람들'의 행위로 몰아간다.

어느 날,
젊은 수도사 뱅상은 대사제로부터
살인을 저지른 이단자들을 체포하라는 명령을 받는다.
그러나 뱅상은 '체포 대상'이 결코 알아서는 안 되는
'수의 비밀'을 알아 버린 사람들이라는 것을 알게 된다.

뱅상은 대사제에게 돌아가지 않고
그곳에 남아 '10 이상의 숫자의 세계'를 배우고,

그것을 가르치던 중 '10의 수호자'가 쏜 화살에 암살당한다.
이후 대사제들의 권력은 자신들이 독점한 숫자와 함께 유지된다.
국민을 무지하게 만들어 권력을 유지하던 '파시즘'이 생각난다.

그렇다.
무지는 사람을 '짐승'으로 만들고
거짓된 겸손은 사람을 '악마'로 만든다.
따라서 무지는 '변호가 불가한 유죄'이다.
국민의 정신적, 영적 수준이 저급하면
권력자들의 선동과 속임수에 쉽게 기만당한다.
사유할 줄 아는 정신적 성숙이 필요한 이유이다.
고대 그리스 철학자 플라톤은 말한다.

"그대가
정치에 무관심할 때 치르는 대가는
가장 저급한 자에게
통치를 받게 된다는 것이다."

나는 '삼중 바보'입니다

17세기 영국의 성직자 존 던,
그는 겸손한 사제이며 탁월한 시인이기도 했다.
헤밍웨이의 소설 「누구를 위하여 종은 울리나」의 제명은
존 던이 자신의 중병을 통해 깨달은 '23개의 명상'을 담은
「뜻밖의 사태에 대한 명상」 속의 '17번째 명상'을 차용한 것이다.

그런데 요즘,
존 던의 시 〈삼중 바보〉라는 글이 마음에 오래 남는다.
시인은 이 시에서 자신은 '이중 바보'라고 말한다.
사랑하는 사람이 된 '첫째 바보'이며
연인에게 사랑하다고 말한 '둘째 바보'가 그것이다.
존 던은 '똑똑한 사람'은 사랑을 선택하지도 않고
혹 사랑을 하더라도 그 사실을 비밀로 해야 하는데,
자신은 어리석어서 그렇게 하지 못했다고 웃으며 말한다.

존 던은 이제라도 자신이 '똑똑한 사람'이 되어서
더 이상 사랑도 하지 않고, 또 사랑을 하더라도
그 비밀을 발설하지 않겠노라고 결심했는데,
그 순간부터 "자신이 이전보다 더 바보가 되더라"라는 것이다.
결국 자신은 '삼중 바보'가 되었다는 것이다.
그런 자신을 돌아보며 존 던은 이렇게 말한다.

"조금 똑똑한 사람이
가장 큰 바보이다."

세상을 기만하는 질 나쁜 선동가들,
그들은 결코 바보가 아니다.
다만 '조금 똑똑한 사람들'이다.
그래서 그들은 '가장 큰 바보'로 규정된다.

옛글에 '대지약우(大智若愚)'라 했다.
곧 '큰 지혜는 어리석어 보인다'는 말이다.
이 말은 '작은 지혜는 똑똑해 보인다'로 변주된다.

삶을 통찰하며 사는 사람들,
그들은 '조금' 똑똑하지 않다.
아주 깊고 매우 넓고 늘 높다.
그들은 '조금'이 아닌 '많이' 똑똑하다.

도시와 사막 구별법

하늘의 별을 유난히 사랑하여,
그래서 그 별을 가까이서 보려고
비행사가 된 작가 생텍쥐페리,
그가 남긴 '어른들을 위한 철학 우화'인 「어린 왕자」.

어린 왕자는 자기 별 B-612에
새롭게 핀 '까칠한 장미꽃과의 불화'로 인해
자기 별을 떠나 여러 별을 방문하던 중
마지막으로 7번째 별인 '지구'에 오게 된다.

어린 왕자,
지구별에 도착한 후 사람을 볼 수가 없었다.
사실 어린 왕자가 도착한 곳은
사람이 살지 않는 '사막'이었다.
이런 사실을 몰랐던 어린 왕자가
우연히 사막에서 만난 '노란 뱀'에게
"지구에는 사람이 아무도 없니?"라고 묻자
노란 뱀은 "여기는 사막이야,
사막에는 사람이 하나도 없어"라고 알려 준다.
이 말을 들은 어린 왕자가 "사막은 좀 외롭구나"라고
탄식을 하자 노란 뱀은 어린 왕자에게 이 말을 들려준다.

"사람이 많아도
외로운 건 마찬가지야."

사람이 많아도 외롭다는 말,
이는 곧 '사람이 적어서 외롭다'는 말은
사실 '틀렸다'는 말이기도 하다.

그렇다.
사람이 외로운 것은
단지 '사람'이 없어서가 아니다.
오직 '사랑'이 없어서이다.

이런 이유로,
사막이란 '사람이 없는 곳'이 아니라 '사랑이 없는 곳'이다.
이는 사람들이 운집한 '도시'도 '사막'일 수 있다는 역설이다.
이런 까닭에 '도시와 사막'은 '무엇을 품고 있느냐'로 구별된다.

Mother와 Money

Mother와 Money,
이 시대를 지배하는 '두 개의 M'이다.
Mother가 인간의 정서를 아름다움으로 가꾸어 주는 '정원사'라면
Money는 인간이 품었던 꿈과 미래를 성취해 주는 '후원자'이다.
20세기를 기점으로 'Mother'보다 'Money'가 더욱 강세를 보여
이 시대는 'Money talks', 곧 '돈이 말하는 시대'로 진입했다.

카뮈의 희곡「오해」,
Mother와 Money의 싸움에서 'Money'가 승리한 작품이다.
작품 속의 마르타는 자신의 삶을 학대하는 여인이다.
그녀는 자신이 운영하는 '가난과 절망의 터'인 여인숙을
떠날 비용을 마련하기 위해 손님을 수면제로 잠들게 한 후
강물에 던져 살해하고 지갑의 돈을 갈취하는 냉혈한이다.
오직 'Money'만이 원죄 같은 가난에서
자신을 구원해 줄 '메시아'라고 믿었기 때문이다.
마르타의 꿈은 "일 년 내내 뜨거운 햇살이 비치고
파도 소리가 아침을 깨워 주는 지중해로 이주하는 것"이다.
마르타의 어머니(Mother)는 딸의 행위에 분개하지만

"일 년 내내 비만 내리고 하늘 끝조차 보이지 않는
이 땅을 떠나려면 돈이 많아야 한다."

라는 딸의 말에 설득되어 공범으로 전락한다.
그때 '쟝'이라는 젊은이가 손님으로 온다.
그날 밤 모녀는 수면제를 탄 홍차를 마시고 잠이 든
쟝을 강가에 던져 익사시킨다.
이후 젊은이의 지갑에서 꺼낸 지폐를 보며 미소를 짓던
마르타는 여권을 통해 젊은이의 신분을 알게 되고 경악한다.
쟝은 20년 전 가난 때문에 집을 떠난 오빠였다.
오빠 쟝은 많은 재산을 모아 행복한 가정을 이루지만,
어머니와 동생을 버린 죄책감에 시달리다가 그들에게
자신의 물질을 나누어 주기 위해 신분을 감추고 투숙했던 것이다.
모친과 마르타는 강물에 몸을 던져 죽음을 선택한다.

궁금하다.
아무리 '20년 만의 해후(邂逅)'라고 하지만
어떻게 모친과 여동생이 혈육을 알아보지 못할 수 있는가?
황금이 내뿜는 빛에 시력을 잃으면 그것이 가능하다.
황금에 대한 집착은 모든 것을 '오해'로 이끌기 때문이다.

Unlearn의 삶

Unlearn,
그 의미는 "배운 것을 고의적으로 잊어버리다"이다.
무슨 이유로 '애써 배운 것'을 일부러 잊으려는가?
그것은 '자신이 배운 것'에만 갇혀 살면
자신과 견해가 다른 이를 '수용할 여백'을 잃어버려
편견으로 굳어진 '화석의 삶'을 피할 길이 없기 때문이다.

어른스러운 사람,
그들도 젊어서는 이기는 법, 높아지는 법, 속이는 법,
그리고 불이익을 당하지 않기 위해 세련되게
자신을 '위장(僞裝)하는 법'을 '철저히 배웠을 것'이다.
이런 '배움'이 자신을 '절대강자'로 군림시켜 줄
전능한 힘이라 확신했기 때문이다.

그러나 '생(生)의 나이테'가 마흔 번쯤 지난 시점부터
젊었을 때에 '절대 진리'처럼 추앙하던 것들이
오히려 삶을 '잔인한 싸움터'로 만드는 폭력임을 절감했다.
결국 '배웠던 것들'을 Unlearn, 곧 '일부러 잊어버리기'로 한다.

러시아 문학은 'Unlearn의 삶'을 '유로디비'라 부른다.
러시아어 '유로디비'는 '신성한 바보'로 번역이 되는데,

그 의미는 "어리석어 보이나 사실은 현명한 자"라는 뜻이다.
톨스토이의 「사람은 무엇으로 사는가」의 '바보 이반'이나
도스토옙스키의 「백치」의 '미슈킨 공작'이 '유로디비의 삶'이다.

'Unlearn의 삶'을 선택한 자,
그들은 "아는 것이 힘이다"라는 오래된 진실을
정면으로 반박하고 저항하는 '깨어 있는 귀족'이다.
그럼에도 이 시대는
작가 존 스타인벡의 지적처럼 "나만이 진리이다"라고 외치는
'함량 미달의 전문가'들이 활보하는 '우울한 시절'이다.

"조금 아는 자는 입으로 말하고
깊이 아는 자는 행위로 말한다."

오늘,
Unlearn의 삶이 유독 그립다.

'굴베이크'는 왜 죽지 않을까?

북유럽의 대서사시 〈에다 이야기〉를 보면,
바네 신족인 '굴베이크'라는 여신이 있다.

굴베이크는 '황금의 여신'이다.
굴베이크는 자신의 황금을 이용하여 '권력'을 키워왔다.
그리고 자기 소유의 황금을 '에시르 신들'에게 자랑했다.
에시르 신들은 굴베이크가 부럽고 두려웠다.
그러나 에시르 신들을 더 근심하게 만든 것은
이 세계에 '굴베이크의 황금'이 존재하는 한
그 '황금에 대한 인간의 탐욕'과 이로 인해 발생할
'황금 약탈 전쟁'을 피할 수 없다는 사실이다.

에시르 신들은 굴베이크에게서 '황금'을 빼앗기로 결의한다.
에시르 신들은 굴베이크를 체포한 후
감춰 둔 '황금의 위치'를 묻는다.
그러나 계속되는 에시르 신들의 협박에도 굴베이크는 끝내
황금을 감춰 둔 보물창고의 위치를 말하지 않는다.
바네 신족에 대한 적대적 정서와
굴베이크에 대한 질투의 감정으로 화가 난 에시르 신들은
그녀를 결박하여 용광로 불에 던진다.

그런데 놀랍게도 굴베이크는 그 불 속에서도 죽지 않는다.
풀무의 온도를 높여 보지만 굴베이크는 불 속에서 걸어 나온다.
굴베이크를 죽이지 못하자 에시르 신들은 그녀를 추방해 버린다.
굴베이크는 떠나면서 알 수 없는 미소를 짓는다.

이 이야기는 무엇을 의미할까?
하늘의 신도 '황금의 욕망'은 죽일 수 없다는 '문학적 은유'이다.
굴베이크가 '불멸의 존재'라서 죽지 않은 것이 아니다.
인간의 욕망이 '황금의 여신 굴베이크'를
계속 필요로 하기 때문에 굴베이크가 '죽지 않는 것'이다.
아니 '죽어서도 안 되는 것'이다.

그렇다.
인간이 굴베이크에게 '불멸'을 선물한 것이다.
앞으로도 인간들에게 '황금에 대한 욕망'이 살아있는 한
굴베이크는 결코 죽지 않을 것이다.
굴베이크가 '불 속'에서도 죽지 않은 것처럼.

'헬(Hell)'에서 '헤븐(Heaven)'으로

영국 작가 맥스 비어봄,
그의 소설 「행복한 위선자」,
이 작품의 핵심인물 조지 헬은
'헬'(Hell, 지옥)이라는 자신의 '이름처럼' 사는 자였다.
거짓, 사악, 방탕, 사기 등 '지옥의 행위'를 즐긴다.
그의 얼굴 또한 사람에게 혐오였다.
그를 아는 사람들은 조지 헬을 조롱하면서도 두려워했다.
특히 귀족들에게 그의 이름은 '불쾌'였다.

이런 조지 헬이 사랑에 빠진다.
오페라 가수 '제니 미어'라는 여인을 사랑하게 된 것이다.
그러나 조지 헬은 두려웠다.
이미 자신의 용모, 악행을 충분히 알고 있을 제니 미어,
'지옥'인 자신이 그녀에게 다가선다는 것은 '두려움'이었다.
태어나 처음으로 '두렵다는 것'을 경험한 조지 헬,
결국 고민 끝에 제니 미어에게 진심을 고백한다.
당연히 차가운 냉대, 보기 좋게 거절을 당한다.
절망한 조지 헬은 스스로를 저주한다.
태어나 처음으로 사람, 사랑 때문에 울어 본다.

그때 희소식이 들려왔다.

밀랍 마스크로 '새 얼굴'을 만드는 사람이 있다는 소식,
이후 조지 헬은 '성자의 얼굴'을 본 뜬 밀랍 마스크로
자신의 얼굴을 대체한다.
곧 '페이스 오프'였다.
그리고 이름까지 '조지 헤븐(Heaven, 천국)'으로 개명한다.
이제 도시에서 조지 헬은 사라졌다.
오직 '조지 헤븐'만 남게 되었다.
이 도시에서 조지 '헤븐'이 조지 '헬'임을 아는 자는
마스크를 만든 사람과 옛 연인 갬보기뿐,
그들만 비밀을 지켜주면 '조지 헤븐'으로 살아갈 수 있었다.

조지 헤븐이 된 이 남자는 제니 미어에게 청혼한다.
청혼을 받아들인 그녀와의 결혼 생활,
그것은 미칠 만큼의 행복이었다.
그러나 이 행복 속에서도 어둑어둑 다가오는 불안감,
자신이 '헬'이라는 사실이 드러날까 두려웠기 때문이다.
사랑하는 아내도, 행복도 모두 파괴되는 사태,
이것은 상상하기도 싫은 악몽이었다.

수많은 고통의 시간을 보낸 후 조지 헤븐은 중대한 결심을 한다.
그것은 '얼굴'만이 아닌 '삶'도 '헤븐'으로 살아보는 것이었다.

이후 헤븐은 자신의 재물을 어려운 사람들에게 나누어 준다.
재물만이 아닌, 그의 표정, 말도 따스한 온기로 채우며 산다.
스스로를 향한 '속죄 의식'이었다.
모든 사람이 헤븐을 존경한다.

그러던 중 조지 헬이 그토록 염려하던 일이 발생한다.
이들의 행복을 시기한 옛 연인 갬보기가
제니 미어에게 헤븐의 비밀을 폭로해 버린 것이다.
그 후 제니 미어의 삶도 '빈혈'을 일으킨다.
의심, 분노가 그녀를 두들겨 멍들게 한다.

드디어 운명의 날,
제니 미어는 헤븐에게 '마스크'를 벗어
자신을 직접 증명하라고 설득한다.
더 이상 선택의 여지가 없었던 헤븐은
속죄하는 마음으로 숨죽이며 밀랍 마스크를 벗는다.

"아, 이제는 끝났어,
이 마스크를 벗는 순간,
나의 행복도, 사랑도."

순간 칠흑보다 더 깊은 정적이 흐른다.
모두가 그의 얼굴을 주목한다. 그런데 이게 웬일인가?
밀랍 마스크 속의 그의 얼굴은 '헬'이 아닌 '헤븐'이었다.
밀랍 마스크에 그려진 성자 얼굴, 바로 그것이었다.
조지 헤븐, 제니 미어, 그들 모두 '기적'을 목격한다.

조지 헬의 행복은 '헤븐의 삶'을 선택할 때 시작되었다.
즉, 그가 '얼굴'만의 '헤븐'이라는 거짓을 버리고,
'삶에서도 헤븐'을 결심할 때 행복이 적중(的中)했다.

조지 헬,
비록 시작은 '행복한 위선자'였지만,
끝은 '위선 없는 행복자'로 거듭났다.

제3부
희망이 오신다는 기별

친절의 탄생

친절(親切),
참 '따스하고 포근한 삶의 방식'이다.
그럼에도 '아무나 가능한 삶의 태도'는 아니다.
자기 속의 불순물을 켜로 걸러낸 맑은 품성,
모난 성질을 채로 썰 듯 도려낸 고요한 품성,
이것들을 장착한 사람만이 행사할 수 있는
매우 특별한 '삶의 빛깔'이다.

친절의 어원,
먼저 '일본인들의 해석'을 본다.
막부시대 사무라이들은 자신들이 전쟁에 패해
주군의 명예를 훼손했을 때
그 죄에 대한 속죄의 의미로 '할복'을 택했다.
사무라이에게도 할복은 두렵고 고통스러운 일이다.
이런 이유로 사무라이의 할복을 돕기 위해
할복을 할 사무라이의 '벗(親)'이 대신 자신의 칼로
그 사무라이를 '자르는(切)' 행위를 '친절'이라 했다.

중국인들의 해석,
친절이란 '자기 곁을 찾아온 사람(親)'에게
지금보다 '더 가깝게 대접(切)'하는 태도라고 말한다.

고대 그리스인들의 해석,
그들은 친절을 '에피에이키아'라고 불렀다.
그것의 의미는 '나는 두 번째이다'라는 뜻이다.
이제껏 '내가 먼저'라는 이기심으로 살던 존재가
지금부터는 '그대가 먼저이고 나는 그다음 둘째'라고
선언하는 삶의 태도를 '친절'이라고 해석했다.

이 시대는 '차가운 불친절'로 '신음'이 끊이지 않는다.
글과 말과 표정에 '살기(殺氣)'마저 담겨 있다.
그들의 눈빛은 '곁의 사람의 심장'을
차디찬 돌로 만들어 죽게 하는 '메두사의 눈빛'을 닮았다.

친절,
그것에 대해 누구나 말하지만
아무나 하지 못하는 '천사의 품성'이다.
내 삶 속에 '친절의 탄생'은 어느 때쯤에 가능할까?

질문이 사라진 시대

시인 파블로 네루다의 시집 「질문의 책」,
세상을 떠나기 전 발표한 '316개의 질문'을 담은 시이다.
그 가운데 가장 기억나는 질문,

"나였던
그 아이는 어디 있을까?
아직 내 속에 있을까,
아니면 사라졌을까?"

시인 네루다는 나이 들어 '부와 권력'은 잡았으나
자신을 키워 준 '맑은 동심(童心)'이
어느덧 '자신의 심장'에서 '사라진 것'을 보고 놀랐다.
자기도 모르게 '원시적 순수'를 잃어버린 것이다.
그래서 그 '순수의 행방'을 스스로 묻고 있는 것이다.

중요한 것, 필요한 것, 귀중한 것,
이런 가치들을 잃어버리면 삶은 '허수(虛數)'가 된다.
삶은 '표정 없는 유령'이 되며
시간이 흘러 '낡아버린 책 표지'처럼 초라해진다.

귀중한 것일수록 분실하면 되찾기 어렵다.

이 시대는 '귀한 것'을 분실하고도 찾으려 하지 않는다.
아니, 잃어버린 사실조차 인지하지 못한다.
지금은 '질문이 사라진 시대'이다.
따라서 삶을 일깨우는 '죽비(竹篦)의 가르침'도 사라졌다.

실기(失機),
곧 '좋은 기회를 잃어버렸다'는 뜻이다.
사람들은 억울해서 못 견딘다.

실기(失己),
곧 '자기 자신을 잃어버렸다'는 의미이다.
사람들은 "그게 무슨 문제라도 되냐?"라고 반문한다.

이 시대가
육신은 '문명'을 살지만
정신은 '야만'을 사는 이유,
여기에 있다.

그대 정원을 피라미드로 만들라

작가 파울로 코엘료의 「연금술사」,
작품 속 스페인 양치기 소년 '산티아고'는
이집트 피라미드 아래에 보물이 있는 꿈을 꾼 이후
그 보물을 찾기 위해 이집트 사막으로 먼 순례길을 떠난다.

산티아고가 온갖 위기와 어려움을 겪은 후 도착한 피라미드,
그러나 자신이 꾼 꿈과 달리 피라미드에 보물은 없었다.
오히려 피라미드에서 만난 군인으로부터
"나는 스페인의 작은 교회 마당에 심긴 무화과나무 아래에
보물이 숨겨져 있는 꿈을 꾼 적이 있다"라는 말을 듣는다.
스페인은 산티아고가 이곳 이집트 피라미드에 오기 전
살던 나라이다.
그런데 그 군인은 보물이 피라미드가 아닌
'스페인'에 있다는 것이다.
순간 산티아고는 절망이 담긴 침묵에 빠진다.

그랬다.
보물은 '먼 곳'이 아닌 '가까운 곳'에 있었다.
사실 작품 초반부 순례를 떠나려는 산티아고에게 들려준
상점 주인의 말에 이런 진실에 대한 암시가 이미 있었다.

"피라미드는
그저 수많은 돌을 쌓아 놓은 돌무더기일 뿐이야.
자네도 자네 정원에 피라미드를 만들 수 있다네."

그렇다.
소중한 것은 멀리 있지 않다.
피곤한 몸을 편안하게 해줄 작은 의자도,
한 번만 불러도 속히 달려올 벗과 가족도 '가까운 곳'에 있다.

사실 보물을 감추고 있는 피라미드는 따로 없다.
피라미드의 보물은 '자신의 삶' 속에 있는 것이다.
그럼에도 지금 보물을 찾아
먼 길 피라미드로 떠나는 순례자가 끊이지 않는다.

지금 자신의 삶을 불만과 학대로 채우며 사는 사람,
또한 자신의 삶을 실패로 규정하며 함부로 사는 사람,
잠깐 그런 태도를 멈추고 자신의 정원을 한번 바라보라.
그리고 살포시 '꿈'을 꾸어 보라.
내 정원을 '보물을 품은 피리미드'로 만드는 그런 꿈을.

출이반이(出爾反爾)

출이반이,
"나에게서 나간 것은 반드시 나에게로 되돌아온다"라는 뜻이다.
기독교 언어로 표현하면 "심은 대로 거둔다"(갈 6:7)라는 의미이다.
4세기 교부 아우구스티누스의
"사랑하는 것이 곧 사랑받는 것이다"라는 진술은
'출이반이'에 대한 가장 친절한 주석이다.

출이반이,
분명 '두려운 말'이면서 한편으로는 '참 고마운 말'이다.
내가 흘린 말과 행위가 그대로 내게 다시 돌아온다 하니
두려운 것이고,
내가 뿌린 모든 선행과 섬김을 혹 다른 사람이 몰라준다 해도
하늘은 이를 알고 그것을 다시 내게로 돌아오게 하니
감사해서이다.

그럼에도 드는 생각,
자신이 뿌린 선행과 섬김이
설령 다시 내게로 돌아오지 않는다 해도 서운해하지 않는 사람,
그가 '진짜 멋있는 사람'이다.
그의 선행이 보상을 기대하고 베푼 '값싼 선행'이 아니라는 것이
명료하게 증명되었기 때문이다.

선행을 '자기만족'을 위해 하는 사람,
곧 섬김을 하는 그의 표정에서 "나는 이런 사람이야"라는
병든 자긍심이 묻어나는 사람이 적지 않다.

용서를 '자기 우월함'을 과시하기 위해 하는 사람,
곧 "나는 그 힘든 용서조차 이렇게 쉽게 하는 사람이야"라는
자기 허영이 노출되는 사람이 자주 목격된다.

깨끗한 것일수록 더욱 더러워지기 쉬운 법,
그런 이유로 요즘 '선행'도 '섬김'도 조심하려 한다.
그것이 '또 하나의 세련된 악행'이 될 수 있기 때문이다.
결혼조차 사랑이 아닌 '신분상승을 위한 거래'로 전락한 이 시대,
나의 푸른 노트에 붉은 색 연필로 이 글귀를 새겨 놓는다.

"자신을 위해
타인을 사랑하지 말라.
사랑에 대한 모독이다."

모진 말, 참 싫다

모진 말,
곧 '모서리가 날카로운 말'이라는 뜻이다.
따라서 '모진 말'은 듣는 사람을 찢고 찌른다.
두 딸 '고너릴'과 '리건'의 달콤한 교설에 속아
자신의 영토를 다 분배해 준 후 두 딸에게 버림받은
셰익스피어의 「리어 왕」 속의 리어 왕이 쏟아낸 말,

"불효하는 자식을 둔 것은
독사에게 물리는 고통이다."

두 딸에게 배반당한 리어 왕의 심정을 모르는 바 아니지만
굳이 그런 '모진 말'을 할 필요가 있을까?
사실 이 모든 비극은 국가의 권력을 양위하는 중대한 사안을
딸들의 사랑 고백 여부에 따라 시행하겠다는
리어 왕의 '한가한 발상'에서 시작된 것이 아닌가?

오랑시에 불어닥친 페스트,
결국 도시는 폐쇄되고 시민들은 감금 상태에 빠진다.
웃음과 희망 대신 불안과 공포에 시달리는 사람들,
지친 이들에게 필요한 것은
"절대강자 페스트에 굴복하지 말고 저항하자"라는 메시지였다.

그럼에도 알베르 카뮈의 소설 「페스트」 속
오랑시의 신부 '파늘루'는 이렇게 외친다.

"오늘 당신들은 불행에 빠졌습니다.
그러나 이 불행은
악한 당신들에게 당연한 것입니다."

맞는 말임은 분명하지만 참 '모진 말'이다.
범죄자 '장발장'을 온유한 미소로 환대했던
빅토르 위고의 「레미제라블」의 '미리엘 주교'와 대비된다.
모진 말은 '오만한 자'에게서 발견되는 '지옥의 언어'이다.
따라서 '모진 말'이 사라져야 '실낙원'이 복구된다.

말은 '꿀'과 '침'을 동시에 갖고 있는 '벌'과 같다.
다정한 말은 '사람을 살리는 활인검(活人劍)'이지만
모진 말은 '백 개의 날로 사람을 죽이는 사인검(死人劍)'이다.
모진 말, 참 나쁜 말이다.

꼬막밀기

꼬막밀기,
도자기를 굽는 도예에서
소홀히 해서는 안 될 것이 '꼬막밀기'이다.

꼬막밀기,
그것은 반죽한 흙 속에 있는 '기포'를 없애기 위해
계속 강하게 문지르는 동작을 말한다.

꼬막밀기는 왜 하는가?
기포가 남은 반죽을 그냥 말려
유화를 바르고 도자기 가마에 구우면
도자기 표면이 부풀어 오를 뿐 아니라,
이내 부서지기 때문이다.
따라서 '꼬막밀기'로 '반죽 속의 기포'를 죽여야 한다.

지상의 모든 학문을 다 섭렵한 지식인 파우스트,
그런 그가 스스로 통제하지 못한 것,
그것은 '쾌락에 대한 욕구'였다.
파우스트는 서재에서 이렇게 탄식한다.

"쾌락을 포기하기에는 너무 젊고

쾌락을 즐기기에는 너무 늙었다."

파우스트가 자신의 영혼에 기생하고 있는
쾌락이란 기포를 '꼬막밀기'라는 '거룩한 노동'으로
제압하는 선택을 했다면 순결한 처녀 마르가레타를
죽음에 이르게 하지는 않았을 것이다.

꼬막밀기,
자신의 내면을 조각(彫刻)하는 시간이다.
자신의 품성을 '사람다움'으로 건축하는 작업이다.

그대여,
삶에 '거룩한 인격'을 장착하기란 쉽지 않다.
그것은 '꼬막밀기' 이후에만 주어지는 삶이기 때문이다.
자신이 '납작하게' 눌러지는 꼬막밀기,
비록 모양은 수치스럽게 보일지 몰라도
이후 눈부신 '백자'와 '청자'로 우뚝 선다.

탈로스의 죽음

헤파이스토스,
그는 그리스 문학에서 발명과 기술의 신(神)이다.
그가 고안한 특별한 '세 가지 발명품'은
움직이는 목표물을 한 치의 오차 없이 맞추는 황금화살,
사냥감을 정확히 물어 잡아 오는 사냥개 라이라프스,
크레타 왕국의 통치자 미노스에게 바친 '청동거인 탈로스'이다.

청동거인 탈로스는 크레타 섬의 수호자이다.
하루에 '세 번씩' 크레타 섬을 순찰하면서
섬에 접근하는 적을 발견하면
거대한 바위를 던져 제압하고,
가까이 접근한 적을 포착하면 그 적을 끌어안아
자신의 청동몸체를 불처럼 뜨겁게 만들어 태워 죽였다.
탈로스로 인해 크레타 왕국은 번영을 구가한다.
그런데 죽지도 죽일 수도 없던 탈로스가 죽음을 맞이한다.
어떻게?

황금양털을 찾아 돌아오던 이아손과
마녀 메데이아는 탈로스가 위협하자
메데이아가 탈로스에게 '거절 못 할 친절한 제안'을 한다.

"네가 너를
불멸의 존재로 만들어 줄게."

불멸의 존재가 아니었던 탈로스는 그녀의 제안에 동의한다.
그러자 메데이아는 주술을 걸어 탈로스를 잠들게 한 후
탈로스의 발꿈치에 있는 '청동나사'를 풀어 버렸고
풀린 청동나사 구멍으로 탈로스의 힘의 근원이었던
'이코르'라는 하늘의 피가 빠져나와 탈로스는 죽음을 맞이한다.
탈로스는 이제 해안가에 버려진 고철(古鐵)로 전락한다.
불멸이 아니었어도 이미 '충분한 강자'였던 탈로스,
그런 탈로스가 유한을 거부하고 불멸을 탐낼 때
그에게 주어진 건 '차가운 죽음'뿐이었다.
불멸이 반드시 축복일까?

탈로스,
매 순간 '삶의 단위'를 의미 있게 산다면
유한이 불멸보다 '더 긴 시간'인 것을 왜 몰랐을까?

촉견폐일(蜀犬吠日)

빨간색 세모 스티커,
이는 '도쿄의 고층 건물 창문'에서 발견되는 '표식'이다.
환태평양 지진 고리에 속한 일본은 화산과 지진이 잦다.
따라서 '자연재해'가 발생하면 신속한 대피가 필요하다.
문제는 '고층 건물의 외벽 유리'가
'강화유리'로 되어 있다는 점이다.
안전을 위해 설치한 이 강화유리가 화재와 같은 위급상황 때에
건물 안에 있는 사람들에게 오히려 '위협'이 된다.
그 강화유리를 깨트릴 수 없어 갇히게 되기 때문이다.

이런 폐해를 막기 위해 건물 유리의 몇 군데를
'일반유리'로 끼운다.
위기 때에 그 '일반유리'를 깨트리고 대피하라는 것이다.
그러나 사람들은 '탈출구'로 만든 '일반유리'와 '강화유리'를
구분하지 못한다.
그래서 '일반유리'에 '붉은색 세모 스티커'를 붙여놓은 것이다.
그럼에도 '붉은 색 세모 스티커'를 유리 창문에 붙이는 것에 대해
처음에는 '극심한 반대'가 있었다고 한다.
'낯설고' 또한 '미관상 좋지 않다'는 이유였다.
옛말에 '촉견폐일(蜀犬吠日)'이란 말이 있다.

"촉나라 개는
하늘의 해만 보면 짖는다."

안개에 쌓인 칙칙한 날이 많은 촉나라,
또한 산과 수목이 울창하여 그늘이 많던 촉나라,
그러던 중 극히 오랜만에 날이 쾌청하여
맑은 아침의 해가 떠오르면 촉나라 개들은
'낯선 것'에 놀라 무조건 짖어댄다.

사람들도 예외가 아니다.
자신과 다른 의견이 나오면 맹렬히 공격하는 사람들,
그들이 '촉견폐일(蜀犬吠日)'이다.
단 한 권의 책만 읽은 사람이 가장 위험한 법이다.
그가 읽은 '단 한 권의 책'이 '모든 지식의 전부'라고
확신하는 그 착각으로 인해 '다른 책들'을
맹목적으로 배척하는 '학문적 테러'를 가하기 때문이다.
그 결과 그의 '언어와 생각'은 '뚜렷한 한계'를 노출한다.

가끔 길거리를 헤매는 '촉나라 개들'이 눈에 띈다.
그들과 마주치며 나는 '날씨 이야기'만 하고 헤어진다.

카베 카베 데우스 비데트

16세기 화가 히에로니무스 보쉬,
마드리드 프라도 미술관에 있는 그의 대작,
곧 〈죽음에 이르는 일곱 가지 대죄와 네 가지 종말〉을 본다.
이 작품은 인간을 파멸로 이끌 중대한 죄악 7가지,

교만(Superbia), 탐식(Gula),
분노(Ira), 나태(Acedia),
정욕(Luxuria), 질투(Invidia),
탐욕(Avaritia),

이것들의 상징을 '식탁 위에 원형으로 묘사한 그림'이다.
특히 유의해서 보아야 할 부분은 '작품의 중앙'이다.
그곳에는 '하나님의 눈'을 상징하는 원구 가운데에
그리스도가 석관에서 몸을 일으키며
자신의 상처를 손으로 짚고 있고
그 아래에는,

Cave Cave Deus Videt,

라는 라틴어 글귀가 쓰여 있다.
그 의미는 "조심하라, 조심하라, 신께서 보고 계신다"이다.

화가는 '무엇을' 말하려고 했던 것일까?
그것은 분명 이 대지를 점거하고 있는 7가지 죄악,
곧 이런 '거대한 악'과 싸워 이기려면,
삶 속에 '조심'이 필요하다는 것을 말하려 함이 아닐까?

어리석은 사람이 모르는 것이 있다.
그것은 '앞에 숨어 있는 위험'이다.
숙련된 크라이머가 설산(雪山)의 빙벽을 등정할 때
특히 주의해야 하는 것이 '크레바스(crevasse)'이다.
크레바스는 '결빙된 바위나 얼음 사이에 갈라진 틈'을 말한다.
이 '크레바스'가 위험한 것은 쌓인 눈(雪)에 가려
잘 보이지 않기에 자칫 그곳을 발로 딛다가 실족할 뿐 아니라
그 틈이 점차 녹아 무너져서 '추락'할 수 있기 때문이다.
이를 위해 산악인들은 '굵은 밧줄'로 자신의 몸을 묶고
손에는 '등반용 도끼'인 '피켈(pickel)'을 놓지 않는 것이다.
위험한 것은 잘 보이지 않는다.
그래서 필요한 것이 '조심'이다.

오, '카토'여

카토,
단테의 「신곡」 중 '연옥편'에서
연옥을 수호하는 '문지기'로 나온다.
카토가 어떤 인물이기에
단테는 '연옥을 지키는 문지기'로 그를 세웠을까?

"그 사람은 사람에게 감동을 주는
몇 안 되는 벗으로서
그를 만난 이후,
잃어버렸던 인간에 대한 믿음을 다시 갖게 되었다."

이 글,
카토와 친분을 나누었던 철학자의 기록이다.
카토는 기원전 95년에 출생한 고대 로마의 장군이다.
로마 공화정 말기 카이사르가 폼페이우스와 키케로 같은
공화정 수호파와 '내전'을 벌여 승리한 후에도
결코 카이사르에게 굴복하지 않던 '올곧은 사람'이다.

또한 공직에 있을 때에도
자신도 모르게 전달된 '선물'을 일체 배격하고
먼 길도 '국고'를 아끼기 위해 걸어 다녔다.

호화로운 신발을 멀리하고 '맨발'로 다닐 만큼 청렴했던 카토,
승리한 전쟁으로 얻은 '전리품'을 노예와 여인들에게 나누어 주고
나그네와 병자에게 숙소를 제공해 주던
'고결한 품성'을 지닌 자였다.

자신이 후원하던 폼페이우스가 카이사르에게 패해 죽자,
카토는 "이제야 내 자신의 주인이 됐다"라는
말을 남기고 자결한다.
권력의 정점에 있으면서도 부정한 것에는 눈을 감았고
약한 자의 불행에는 눈을 크게 떴던 카토,

권력이란 "사람을 살리라"고 하늘이 제공한
선물임을 알았던 카토,
따라서 '사람을 죽이는 권력'은 '힘'이 아니라
'폭력'임을 알았던 카토,
그 결과 '피비린내 나는 권력의 악취'가
전혀 발산되지 않았던 카토,
단테는 이런 카토가 '연옥의 문지기'로서 품격이 있다고 본 것이다.

오늘 유독,
이 '카토'가 보고 싶다.

보이지 않는 그물

그대여,
삶에서 '가장 끊기 어려운 것'은
강철로 만든 '족쇄'가 아니라
여전히 버리지 못한 '습관'이다.

싫증, 게으름, 분노,
이런 내면의 '은밀한 습관들'은
그대를 묶고 가두는 '보이지 않는 그물'이다.
보이지 않는 그물?
그것은 무엇인가?

보이지 않는 그물,
고대 그리스 문학에 나오는 대장장이 '헤파이스토스'가
자신의 아내 '아프로디테'와 불륜을 저지르는 '아레스'에게
공개적인 망신을 주기 위해 '침실에 설치한 그물'인데,
이 그물은 '보이지도 않고, 끊어지지도 않는 그물'이었다.

그런데 '보이지 않는 그물'이 더욱 위험한 것은
이것에 '한 번 갇히면 도저히 벗어날 수 없다는 것'이다.
헤파이스토스가 풀어 주기 전까지는 말이다.
따라서 '보이지 않는 그물'은 일종의 '감옥'이었다.

습관도 그렇다.
습관에 갇히면 '탈출'하기 어렵다.
습관이 이미 그대의 '일부'가 되었기 때문이다.
따라서 습관은 매우 '강력한 우상'이기도 하다.

기억하라.
내가 '습관'을 만들지만
이후 그 습관은 '나'를 통치한다.
그 습관은 '나의 운명'까지 만든다.
그 습관은 '내 삶의 색깔'까지 바꾼다.
스페인의 시인 우나무노,
그는 '습관에 묶인 사람들'을 향해 일침한다.

"습관에 빠지는 것은
더 이상 '새로운 존재'가 되기를
멈추거나 포기하는 것이다."

관해난수(觀海難水)

겨울의 의미,
봄, 여름, 가을이 안겨 준 잎새와 열매를 떨어내고
나목(裸木)이라는 '빈 몸'으로 사는 시절이다.
자신을 돋보이게 하던 잎새와 열매를 포기한 계절이다.

겨울이 오면,
가슴에서 꺼내는 낱말이 있다.
곧 '관해난수(觀海難水)'이다.

"바다를 본 자는
물에 대해
쉽게 말하지 않는다."

아는 체하고 싶은 충동이 일어날 때,
남을 가르치고 싶은 욕구가 일어날 때,
남의 잘못을 지적하고 싶은 욕구가 불같이 일어날 때,
이 말이 나를 '멈추게' 해준다.
작금은 전문가를 자처하는 '설익은 해결사'가 득세 중이다.
어설픈 지식과 정보 몇 조각을 가지고
신의 계시를 내리는 듯 모범답안을 쉴 새 없이 쏟아낸다.

지식 판매꾼,
정답 사냥꾼,
만능 해결사,

그들은 '관해난수(觀海難水)'라는 글을 주목해야 한다.
아는 것보다 모르는 것이 훨씬 많다고 느낄수록
사람을 대하거나, 대화를 하거나, 질문에 답할 때에
이전보다 더욱더 깊고 신중해진다.

오늘날,
바다를 보지도, 알지도 못한 사람들이
바다와 강과 시냇물에 대해 이야기를 한다.
그것도 세련된 달변으로 말이다.

오늘 나,
서툰 지식과 어설픈 지혜를 떨어내고
한 그루 겨울나무로 서려 한다.

쉽게 얻어지는 것은 '가짜'이다

오딘은 북유럽 문학에 나오는 '으뜸신'이다.
하늘 궁전 '아스가르드'에 거하면서,
우주를 통치하는 강력한 제왕이다.
그것을 가능케 한 힘은 '두 개의 무기' 때문이다.

하나는 '신비의 창(槍)'인 '군니르'이다.
이 '군니르'는 모든 사물을 뚫어내는 힘과 함께
필요할 때마다 '천상의 번개'를 부르는 '권능의 무기'였다.
다음은 이 세상 모든 것을 통찰하는 '지혜'이다.
세상 어떤 사악한 존재도 오딘을 속일 수 없었다.
오딘을 '속지 않는 신(神)'이라 부른 것도 이 때문이다.

그렇다면 이런 '오딘의 지혜'는 어디에서 온 것일까?
오딘 당시 세상에는 '두 개의 샘'이 있었다고 한다.
그 하나는 '세상의 운명'을 결정하는 우르드의 샘,
다른 하나는 '세상 모든 지혜'를 담고 있는 미미루의 샘이다.
미미루의 샘은 '절대 거인 미미루'가 지키고 있어
어떤 존재에게도 그 샘의 접근을 허락하지 않았다.
지혜에 갈급했던 오딘이 '미미루의 샘'을 찾아가
거인에게 "샘물을 마시게 해달라"고 청하니 미미루가 말한다.

"너의 한 눈을 빼서 미미루 연못에 던지면
너에게 그 샘의 물을 마시게 해주겠다."

거인은 오딘이 이 요구에 놀라
샘물을 마시는 청원을 포기하리라 생각했다.
그러나 오딘은 '한쪽 눈'을 빼서 '미미루 샘'에 던진다.
이후 '샘의 물'을 마셔 '모든 지혜'를 소유한다.

애꾸 눈의 신(神),
이것이 오딘의 별명이다.
이 문학의 가르침은 무엇인가?

"그대는 소중한 그 무엇을 얻기 위해
그 어떤 것이라도 희생할 만큼 간절한가?"

귀한 것은 쉽게 얻을 수 없다.
쉽게 얻는 것, 그것은 '가짜'이다.

생선은 '머리'부터 썩는다

질(質)과 결,
이 둘은 모든 것의 '됨됨이'를 측정하는 척도이다.
그 '질'이 좋으면 '사랑'을 받고,
그 '결'이 좋으면 '존중'을 받는다.

먼저 질(質)에 대해 생각해 본다.
사람이나 사물이나 그 '질'이 좋아야 한다.
질이 좋은 사람을 '성질(性質)이 좋다'고 하고
질이 좋은 물건을 '품질(品質)이 좋다'고 한다.

그다음 '결'에 대해 생각해 본다.
숨도 '숨결'이 고와야 '아프지 않은 것'이다.
바다도 '물결'이 고와야 배가 '순항'한다.
머리도 '머릿결'이 고와야 '단아한 멋'이 있다.
피부도 '피붓결'이 고와야 '우아한 빛'을 발한다.
특히 인격의 '결'이 고운 사람은 찬사를 받게 된다.
결국 '결'이 좋아야 '고급'으로 예우 받는다.

그런데 여기 더 중요한 '결'이 있다.
그것은 '생각의 결'이다.
사실 '생각의 결'이 거칠면

그 사람의 숨결, 물결, 머릿결, 피붓결이
아무리 고와도 단지 '분칠한 시신'일 뿐이다.

작가 베르나르 베르베르의 「개와 고양이의 생각」을 보면,
어떤 주인이 개와 고양이를 키우며 '최상의 음식'으로 대접한다.
이 사실을 놓고 개와 고양이는 각각 이렇게 생각한다.

개 :　　내 주인은 나를 위해 매일 음식을 주신다.
　　　　그는 나에게 신(神)이다.
고양이 : 내 주인은 나를 위해 매일 음식을 갖다 바친다.
　　　　나는 그의 신(神)이다.

생선이 썩을 때는 '머리'부터 썩는다.
삶이 부패하는 이유는 '머리' 곧 '생각'이 병들어서이다.
따라서 세상에서 가장 위험한 사람은 '생각이 병든 사람'이다.
그런 이유로 '무능한 자'보다 '교활한 자'가 더 위험하고
'단순한 자'보다 '음흉한 자'가 더 위태롭다.

시네 케라(sine cera)

시네 케라(sine cera),
이 낱말은 '정직(진실)'을 의미하는 라틴어이다.
곧 '덧칠하지 않았다'는 뜻이다.

고대 로마인들에게 도자기는 필수품이다.
그러나 '흙'으로 제조하는 도자기는 쉽게 금이 갔다.
금이 간 도자기는 상품성이 없어 판매해서는 안 되었다.
그럼에도 '질 나쁜 상인'은 '금이 간 부분'을 '아교(cera)'로
정교하게 붙인 후 '덧칠'을 하여 '제값'을 받고 판매했다.

이들의 '부당거래'로 피해를 받게 된 착한 상인들,
자신들은 '덧칠한 그릇'을 파는 자가 아니라는 것을
증명하기 위하여 도자기 곁에 '시네 케라(sine cera)',
곧 "이 도자기는 덧칠을 하지 않았습니다"라고 표기했던 것이다.
이후 '시네 케라'는 '진실'을 표기하는 활자로 남게 된다.

인격이 맑은 사람은 선과 의로 '덧칠'하지 않는다.
그러나 '악인들'은 자신의 '거짓과 기만'을 은폐하기 위하여
설익은 친절과 미소로 끊임없이 자신을 '덧칠'하며 산다.
십자가의 성 요한은 말한다.

"물 위로
걷는 것만이 기적이 아니다.
땅 위를 바르게 걷는 것도 기적이다."

그렇다.
정직은 '최상의 기적'이다.
거짓과 치열하게 다투어 거둔
양심의 전리품이기 때문이다.

거짓이 '죄의 목록'에서 삭제되고 있다.
거짓은 결코 가벼운 죄가 아니다.
거짓이 지나간 자리는 상처, 실망, 원한으로 채워진다.
거짓이 머문 자리는 '천국'을 '지옥'으로 '치환'시킨다.

그러나 거짓에게도 '치명적 약점'이 있다.
거짓은 '다리가 짧아 오래 걷지 못한다는 것'이다.
거짓을 통해 수확한 권력과 승리는
손으로 바람을 붙잡는 행위이며
밀가루로 건축한 누각을 닮아 수명(壽命)이 짧다.

파일명 '서정시'

시인 나희덕의 〈파일명 서정시〉,
이 시를 산문으로 풀어 보면 이렇다.

독일이 통일되기 전,
동독 정보국은 '위험인물'로 판단한 사람들을
사찰하여 그 내용들을 기록하여 보관했다.
당시 서슬 퍼런 동독 정보국이
유독 민감하게 사찰한 사람이 있었다.
그는 서정 시인 '라이너 쿤쩨'였다.
그들이 이 시인을 사찰하여 수집한 내용은
암호명 '파일명 서정시'로 불렸다.
사찰 문서 '파일명 서정시'에 수록된 내용을 보면,

"화단에 무슨 씨앗을 뿌렸는지,
다른 나라에서 온 편지가 몇 통인지,
숲에서 지빠귀와 어떤 대화를 나누었는지,
옷자락에 잠든 나방 한 마리를 어떻게 바라보았는지,
하루에 물을 몇 잔이나 마셨는지,
재스민 차를 누구와 마셨는지,
도서관에서 어떤 책을 대출받았는지,
강의 시간에 학생들과 어떤 말을 주고받았는지,

저물 무렵 오솔길을 걷다가 왜 걸음을 멈추었는지,
국경을 넘으며 어떤 표정을 지었는지"와 같은 것이었다.

한 개인의 사소한 일상을
이토록 철저히 감시하고 통제했다는 사실에 놀란다.
그런데 궁금하다.
정치범도 아닌, 선동가도 아닌, 첩자도 아닌,
단지 시인이었던 라이너 쿤쩨를
그토록 경계한 이유 말이다.

"그들이 두려워한 것은
그가 사람의 마음을 열 수 있는
글과 말을 가졌다는 것이다."

그랬다.
동독 정보국이 두려워한 무기는 총과 폭탄이 아니었으며,
무서워한 사람은 신념이 다른 정치인이 아니었다.
동독 정보국이 '가장 두려워하고 무서워한 사람'은
사람의 마음과 생각을 움직이는
살아있는 '글과 말'을 할 줄 아는 사람이었다.

그렇다.
세상에서 가장 강한 사람은
곁의 사람에게 '감동을 주는 사람'이다.
깊은 사유에서 빚어낸 '글과 말'을 들려줘서
사람을 '눈 뜨게 하는 사람'이 '큰 사람'이다.

이런 의미에서 볼 때,
서정 시인 '라이너 쿤쩨'를 '위험인물'로 특정하고
가혹하게 사찰했던 동독 정보국의 판단,
슬프지만 옳았다.

'더'의 삶, '덜'의 삶

가을에는 톨스토이를 읽게 된다.
특히 욕망 때문에 부서져 가는 이 시대를 목격할 때마다
단편 「사람에게는 얼마만큼의 땅이 필요한가?」를 읽는다.

'땅'과 '땀'을 소중히 여기며 살던 파홈이란 소작농이 있었다.
남의 땅을 빌려 농사하던 파홈은
애써 얻은 수확도 소작료로 지불되니 가난을 면치 못한다.
노력 끝에 약간의 자기 땅을 갖게 되었으나
그것만으로는 만족할 수 없었던 파홈,
어느 날 한 상인으로부터 달콤한 말을 듣는다.

"바시키르 마을에서는
누구든지 1000루블만 지불하면
하루 동안에 밟은 모든 땅을 소유할 수 있다."

파홈은 가산을 정리한 후
바시키르 마을로 가서 1000루블을 지불하고 계약을 맺는다.
계약 조건은 오직 하나,
그것은 "해지기 전에 이곳으로 돌아와야 한다"라는 것이다.
다음 날 아침 파홈은 앞을 향해 '빠른 걸음'으로 달린다.
앞으로 갈수록 '내 땅이 늘어나는 기쁨'에 도취된 파홈,

순간 자신이 너무 멀리 왔다는 사실을 뒤늦게 알고는
급하게 돌아가지만 도착 후 '심장파열'로 죽음을 맞는다.
이후 파홈에게 주어진 땅은
길이 6피트, 너비 3피트라는 '작은 무덤'뿐이다.

파홈을 죽게 만든 것은 무엇일까?
분명 의학적 소견서에는 '사망원인 - 심장파열'로
기재되었을 것이다.
그러나 파홈을 사망에 이르게 한 직접 병명은
'조금만 더'라는 '탐욕'이었다.
파홈이 조금만 욕심을 줄였다면, 곧 '더'가 아닌 '덜'을 선택했다면
그곳에서 찬란한 시절을 보냈을 것이다.

삶은 '더'와 '덜'의 선택이다.
아니, '더'와 '덜'의 싸움이다.
'더'가 '과욕'이라면 '덜'은 '절제'이다.

하버드 대학을 나와 그 누구보다 미래가 열려 있었던
헨리 데이비드 소로는 28세 때 월든 숲속으로 떠나
그곳에서 2년 2개월을 자연과 함께 지낸다.
그리고 그때의 삶을 담은 글 「월든」에서 말한다.

"없어도 되는 것이
많을수록
그만큼 부자이다."

삶에서 '더'를 덜어내는 것,
그래서 '덜'로 사는 것,
그것이 '참 행복'임을 발견했기 때문이다.
황금으로만 건축한 행복이 얼마나 부실한 것인가를 알았던
헨리 데이비드 소로와 그것을 몰랐던 파홈,
그것은 각자에게 '기쁨'과 '죽음'이라는
전혀 다른 결과물을 안겨 주었다.

그대여,
골짜기는 메울 수 있어도
마음속 욕심은 메울 수 없다.
문득 욕심을 채우려 '더'라고 외치며
무섭게 질주하는 파홈이 '내 속'에 여전히 있어 흠칫 놀란다.

영화 〈허셀프〉와 '메헬'

영화 〈허셀프(Herself)〉,
여성감독 '필리다 로이드'가 2022년에 발표한 작품으로
잠시 잊고 지냈던 '감동'이란 단어를 복구하게 해준 영화이다.
필리다 로이드는 스웨덴 그룹 아바의 노래 22곡을 삽입하여
연출한 영화 〈맘마미아〉를 발표한 감독이다.

영화 〈허셀프〉,
음악에 맞춰 춤을 추는 엄마(산드라)와
두 딸의 모습으로 시작된다.
마냥 행복하게 보이는 가정이다.
그러나 그것은 '한여름 밤의 꿈같은 허상'이었다.
그 집은 오래전부터 남편이자 아빠의 가정폭력으로
얼룩져 있었다.
어린 두 딸만 모르는 비밀이었다.
그날도 산드라에 대한 남편의 폭력은 행사된다.
더 이상 견딜 수 없었던 산드라는
큰 딸에게 '블랙 위도우'라고 말하며 쪽지를 전달한다.
그 쪽지에는 '남편의 폭력을 경찰에 알리라'는
내용이 써 있었다.
남편은 체포되고 산드라는 두 딸과 함께 집을 떠나
모텔을 전전한다.

산드라의 홀로서기,
그녀에게 너무나 버거운 현실이었다.
혼자서 두 딸을 챙겨야 하는 산드라는 늘 직장에 지각을 했고,
두 딸을 학교에서 픽업하는 것도 제때에 하지 못한다.
무엇보다 모텔에서 지내야 하는 '경제적 부담'이 너무 버거웠다.
힘들 때마다 재결합을 요구하는 남편의 말에
잠시 흔들리기도 한다.
그러던 중 산드라는 '레고'를 조립하는 딸의 모습을 보며
자신이 직접 '자기의 집'을 짓기로 결심한다.

이제 그녀는 '허셀프(Herself)',
곧 '그녀 스스로' 자신과 두 딸을 위해 집을 짓기로 한 것이다.
산드라는 대출을 받기 위해 은행을 찾지만 거절당한다.
산드라가 포기하려던 순간 자신이 가정부로 일하고 있는
'닥터 페기'가 자신의 정원에 집을 지으라고 제안한다.

그럼에도 건축에 대한 지식이 없어 난관에 빠진 산드라,
그때 산드라 주변의 많은 사람들이 찾아와 도와준다.
감독은 산드라를 돕기 위해 찾아온 사람들의 모습을
남자, 여자, 노인, 청년, 아이, 백인, 아시아인, 흑인이
모두 참여하는 것으로 설정하여 '인류애의 정다움'을 연출한다.

결국 그녀와 그녀의 아이들의 집은 완성된다.

모두가 기뻐하며 '작은 잔치'를 연다.
이제 산드라와 두 딸에게 '행복'만 남은 줄 알았다.
그러나 곧이어 '슬픈 반전'이 벌어진다.
이른 아침 딸이 '블랙 위도우'를 외치며 잠든 산드라를 깨운다.
놀란 산드라가 밖으로 나가 보니
어제 완공한 집이 '화재'로 타버려 '잿더미'가 된 것이다.
폭력 남편이 몰래 집에 불을 지르고 도망을 친 것이다.
시어머니의 도움으로 불을 지른 남편이 경찰에 체포되고
"이제 너는 자유로운 삶을 살게 되었다"라는 말을 듣게 되지만,
집을 잃어버린 산드라는 슬픔에 잠겨 몸져눕게 된다.

그러던 중,
가까스로 일어난 산드라는 불에 타버린 집을 찾아간다.
그런데 좌절한 자신과 달리
어린 두 딸은 그곳에서 '아무 일 없는 듯' 장난치며 놀고 있다.
순간 산드라의 표정이 뜨겁게 살아난다.
나는 예상한다.
산드라의 '허셀프'는 계속되어
결국 산드라가 다시 그곳에 전보다 '더 멋진 집'을 지을 것을.

영화 〈허셀프〉,
여기에는 '산드라의 홀로서기'와 함께
'또 다른 홀로서기'가 발견된다.
그것은 이제껏 휠체어에 의지하여 지내던 '닥터 페기'가
산드라를 도와주면서 어느덧 휠체어에서 일어나
스스로 걷게 된다는 것이다.

여기서 잠깐 생각한 것,
이 영화를 관통하는 가장 중요한 핵심 언어는 '메헬'이다.
홀로 산드라가 집을 지을 때 마을 사람들이 몰려와
그녀를 도우며 "이것이 메헬이다"라고 말한다.

메헬?
무슨 뜻인가?
낯선 어휘 '메헬'이란 "남을 도와 나를 돕는다"라는 의미이다.
곧 "우리가 당신을 돕는 것이 곧 우리가 우리를 돕는 것이다"
라는 말이다.
산드라를 도와주었던 '닥터 페기'가 그 과정에서
어느덧 자신도 일어나 걷게 된 것도 '메헬의 결과'이다.

제4부
'가지런한 삶'의 탄생

그대, 라곰(Lagom)인가?

라곰(Lagom),
스웨덴어로 '적당하다, 딱 알맞다'라는 뜻이다.
곧 '과잉'과 '넘침'을 경계하고
조화와 균형을 중시하는 소박한 삶을 말한다.

라곰(Lagom),
기원후 8~11세기 바이킹(Viking)시대 때부터
지금까지 스웨덴에서 중시되는 덕목으로
'팀을 둘러싼(around the team)'을 뜻하는 말인
'라게트 옴(Laget om)'에서 유래했다.

라곰(Lagom)의 삶이란,
삶의 '작은 성취'를 축하하며,
나를 아끼고 '거절하는 법'을 배우는 것,
피로에 지칠 만큼 노동하지 않으며,
미리 계획하지 않은 것을
즉흥적으로 시도하지 않는 것을 중시한다.

또한 이러한 '균형 잡힌 삶'을 통해
자기에게 필요한 모든 것을
적당하게 소유하고 있다고 느끼고,

자신의 환경과 조화롭게 사는 것을 목표로 한다.

많이 모아서 높게 쌓는 것,
크게 잡아서 넓게 펼치는 것,

이런 것들을 '성공'이라고 확신하는 이 시대를
마크 트웨인은 "도금(淘金)의 시대"라고 조롱했다.
이 시대에게 '라곰(Lagom)'은
'멸시당하는 삶의 방식'이 분명하다.
그러나 '라곰(Lagom)을 선택한 자'에게는
그렇지 않은 자에게서 볼 수 없는 '황금빛 미소'가 있다.

라곰(Lagom),
그것은 '조용하지만 강한 힘'이다.
그 힘을 지참한 사람만이
빛바랜 '도금시대'를 '정금시대'로 전환시킬 근력을 갖는다.

절제의 미학

절제,
욕망의 반경(半徑)을 줄여 주는 유일한 힘이다.
마치 '맹그로브 나무'처럼 말이다.
해일의 위험이 있는 동남아 해안가에는
맹그로브 나무가 군락(群落)으로 심겨 있다.
그것은 맹그로브 목(木)의 특성 때문이다.
이 나무는 지진, 화산 폭발의 여파로 밀려오는
해일의 반(半)을 제 몸으로 흡수한다.
이로 인해 그 피해는 극소(極小)가 된다.
그들에게 방파제가 되어 준 고마운 나무이다.

절제,
그것은 맹그로브 나무이다.
삶을 집어삼킬 듯 밀려오는
욕망, 오만, 허영의 노도(怒濤)를 제압하여,
삶이 침수되지 않게 막아 주는 힘이 '절제'이기 때문이다.

절제,
그것은 자신의 삶에서
'더'라는 '탐욕의 부사(副詞)'를 삭제하는 행위이다.
이런 이유로 절제가 무너지면 삶은 난장(亂場)이 된다.

출어하는 배는 '닻'과 '돛'이 필요하다.
정박을 위한 무거운 닻,
배를 통제하여 바람의 방향을 타기 위한 돛,
이 두 가지가 제대로 작동해야
그 배는 만선과 귀항이 가능하다.
특히 '돛'이 잘 제어되어야 좌초되지 않는다.

절제,
그것은 '삶의 돛'이다.
위기의 삶을 급정거시켜 줄 제동장치,
그것이 곧 '절제'이다.

그런 이유로 '돛'이 부러진 삶,
곧 '절제의 붕괴'는
좁은 벼랑을 '외발'로 걷는 위험한 줄타기이다.

'멋'의 조건

송무백열(松茂柏悅),
소나무가 무성하게 자라는 것을 보고
옆에 있는 측백나무가 기뻐한다는 뜻이다.
곧 벗이 잘되는 것을 즐거워한다는 말이다.

사실 측백나무는 소나무보다 '조금 못난 나무'이다.
그러니 소나무에 대해 알 수 없는 열등감이 있었을 것이다.
그럼에도 소나무의 무성함을 기꺼이 기뻐해 준다.
측백나무가 멋있어지는 순간이다.

혜분난비(蕙焚蘭悲),
혜란이 불에 타니
곁에 있던 난(蘭)이 슬퍼한다는 뜻이다.
곧 벗의 불행을 함께 아파한다는 말이다.

혜란은 난(蘭) 가운데 가장 못난 축에 속하는 화초이다.
그런 '못난 혜란'이 불에 탈 때
곁에 있던 '잘난 난(蘭)'이 함께 슬퍼했다는 것이다.
'잘난 난(蘭)'은 '못난 혜란'을 멸시하며
우월감에 빠질 만도 하건만,
그것을 거절하고 더불어 슬퍼했다는 것이다.

그 난(蘭)이 더욱 아름다워 보이는 순간이다.

그대여,
타인의 행복과 불행에 대한 그대의 태도가
그대의 인격과 품성을 드러내는 척도가 된다.
타인의 불행을 숙주 삼아 자신의 행복을 키우는
'샤덴프로이데(Schadenfreude)의 사람'은
모든 것을 다 가졌다 해도 '볼품없는 가난한 사람'이다.

멋의 조건,
타인의 행복에 먼저 일어나 '기립 박수' 치며
타인의 불행에 먼저 고개 숙여 '위로'할 줄 아는 것이다.

슬픈 것은
겉멋을 부릴 줄 아는 자는 많으나
속멋을 품고 사는 자가 희귀하다는 사실이다.
멋을 아는 백열(柏悅)과 난비(蘭悲)가 그리운 시절이다.

칼과 칼집

영국 서사 문학의 정점(頂點),
「아더 왕과 랜슬롯」을 본다.

카멜롯의 권력자 아더 왕,
지상 통치자들이 갖고 싶어 하는 신검(神劍)
'엑스칼리버의 주인'이다.
엑스칼리버는 리나퀸 호수에 사는
비비안 요정이 지키는 칼로서
이 검을 손에 넣는 자가 세계를 통치하게 된다는
전설의 검이다.
지금 그 신검이 아더 왕의 손이 있다.

어느 날 책사(策士) 멀린이
와서 묻는다.

"왕이여,
당신에게 엑스칼리버와 칼집,
이 중 어느 것이 더 귀합니까?"

아더 왕은
망설임 없이 말한다.

"멀린,
그거야 당연 엑스칼리버가 아닌가."

순간 멀린의 표정은 굳어진다.
사실 지금까지 아더 왕이 모르는 것이 있었다.
그것은 엑스칼리버의 '칼집의 힘'이었다.
그 '칼집'은 어떤 상처든지 '하루'만에
치유하는 신비한 힘이 있었다.
지금까지 아더 왕이 치른 많은 전쟁 중
그의 생명을 지켜준 것은 '엑스칼리버'가 아닌 '칼집'이었다.
따라서 아더 왕이 이제까지 그랬던 것처럼,
앞으로도 전쟁에서 죽지 않기 위해서는
사실 '칼'보다 '칼집'을 더 귀하게 여겨야 했다.
아쉽게도 아더 왕은 이 진실을 깨닫지 못했다.

분별력,
통찰력,

그것은 '엑스칼리버의 칼집'이다.
쾌락의 위험에서, 가짜들의 속임수에서
이 땅을 치유하는 '숨어 있는 강한 힘'이다.

'죽음'보다 '삶'을 더 두려워하라

역사가 사마천,
그는 '죽음'에 대한 철학적 통찰을 지닌 사람이었다.
사마천은 '죽음'을 두 종류로 구별했다.
먼저는 '태산같이 무거운 죽음'이다.
곧 모든 사람이 '아까워 애도하는 죽음'이다.
다음은 '깃털같이 가벼운 죽음'이다.
곧 그 누구도 '기억해 주지 않는 죽음'이다.

문득,
죽음과 관련해서 기억나는 소설이 있다.
톨스토이의 소설 「이반 일리치의 죽음」이다.
이 작품은 41세의 판사 '이반 일리치의 사망 소식'이
동료 재판관들에게 전해지는 장면으로 시작한다.
톨스토이는 친구의 부고 소식을 들은 동료 판사들의 반응을
작품 속에서 이렇게 묘사한다.

"판사 이반 일리치의 사망 소식을 접한
동료 판사들이 맨 먼저 보인 반응은
저마다 속으로 그의 죽음으로 발생할
자신들의 자리 이동이나 직위 변경에 대해
미리 계산하고 따져 보는 일이었지만

그렇다고 그것이 전부가 아니었다.
'내가 아니라 그 친구가 죽어서 다행이군'
이라는 안도감이었다."

친구 판사의 죽음 앞에 보인 동료 판사들의 반응과 태도,
곧 깊은 애도와 추모가 있어야 할 순간에
그의 죽음이 자신들에게 가져다줄 이익에 대해
눈치 빠르게 '셈법'을 하는 이들의 태도,
물론 승자독식의 '정글 같은 경쟁사회'를 살아가는
인간으로서 보일 수 있는 당연한 태도이다.
그럼에도 '알 수 없는 서글픔'에 짧은 우울을 앓는다.

이뿐 아니다.
이반 일리치가 죽어
남편의 절친인 판사 이바노비치가 조문을 왔을 때
그의 부인 '표도르브나'가 '가장 먼저 한 일'은
죽은 남편에게 제공될 국가연금에 대한 '집요한 질문'이었다.
그리고 그 시간 '이반 일리치의 친구들'은
"빨리 조문을 마치고 카드놀이를 하자"라고
서로 눈짓한다.

죽음,
그것은 개인적, 가정적으로 매우 중대한 사건이다.
곧 세상에 무시해도 좋은 만큼 '하찮은 죽음'은 없다.
소크라테스의 죽음만큼 필부의 죽음도 무거운 사건이다.
따라서 타인의 죽음 앞에 겸손하고 진지한 태도를 지녀야 한다.
그러나 현실은 전혀 그렇지 않다.
이 부분을 톨스토이는 주목한 것이다.

톨스토이,
그는 소설 「이반 일리치의 죽음」에서
한 사람의 죽음 앞에 보인 '다양한 태도들'을 고발한다.
놀랍게도 작품 속 이반 일리치가 '41세'로 사망한 것처럼
톨스토이도 '41세'부터 '죽음에 대한 두려움'에 시달렸다.
그런 시각에서 볼 때 '이반 일리치'는
'작가 톨스토이의 분신'이었다.

러시아 최고 작가로 추앙받던 41세의 톨스토이,
그럼에도 자신이 죽었을 때,
모든 사람이 '자신의 죽음'을 '늘 있는 평범한 일'로
기억하게 될 것을 이미 파악한 것이다.
죽음을 앞둔 노년의 톨스토이가 남긴 말이다.

"사람들이
죽음을 두려워하는 것만큼
삶을 두려워할 수 있다면
이 세상은 벌써 천국이 되었을 것이다."

시간, 하늘의 소중한 선물

단테의 「신곡」 연옥 제4곡.
단테는 스승의 뒤를 따라서 '정죄산'에 오른다.
그때 "아마 얼마 못 가서 주저앉고 싶을걸"이란 말이 들린다.
궁금하여 왼쪽으로 고개를 돌려 보니
그늘 속에 숨어 '게으름을 피우는 사람들'이 보였다.

그곳에는 단테의 친구이자 피렌체에서 가장 게으른 사람,
그러나 악기를 만드는 천재 장인 '벨라콰'가 있었다.
벨라콰는 자신의 솜씨에 갈채를 보내는 삶에 도취하여
신을 찬양하고 드높이는 데 철저히 무관심했다.
따라서 임종이 올 때까지도 '자기 자랑'만 하다가
하늘이 요구하는 '참회'를 하지 못하여 연옥에 던져진 것이다.

게으름,
사람들은 '노동을 소홀히 하는 것'으로만 이해한다.
그러나 단테는 '게으름에 대한 새로운 해석'을 제시한다.
단테가 말하는 게으름은
"신을 향한 인간의 의무를 소홀히 하는 것"이다.
곧 신의 음성을 고요히 경청하는 것과
신이 사랑하시는 인간을 '자기 몸처럼 사랑하는 것'에
무관심한 삶이 '게으름'이라는 것이다.

고대 그리스인들은 '시간'에 신성(神性)을 부여하여
'크로노스'라는 존재로 섬겼다.
시간을 '신적 가치'로 해석한 예지에 경이로움을 느낀다.

시인 사무엘 콜리지의 말처럼
게으름은 "시간을 살해하는 행위"이다.
한 개인이 갖는 '시간에 대한 태도'는
그 개인이 '삶에 대하는 태도'를 정확히 반영한다.
시간을 '소비'하는 자는 시간에 지배당하고 살며,
시간을 '사용'하는 자는 그 시간을 지배하며 산다.
작가 '에밀리아 바르'는 말한다.

"시간은 하늘의 소중한 선물이다.
그것은 너무 소중해서
우리에게 '순간'으로만 주어진다."

'동백꽃'으로 살아보기

시인 이해인 님,
그분이 투병 중 발표한 시집의 제명이
「필 때도 질 때도 동백꽃처럼」이다.
시인은 '자신의 삶의 시작과 끝'이
자신의 멋과 향기로 봄을 요란하게 수놓는 '장미'가 아닌
겨울 설국에 고요히 피는 '동백꽃'과 같기를 소망했다.
하필 동백꽃?
왜일까?

동백꽃은 필 때도 아름답지만
질 때도 아름답다는 것이다.
다른 꽃을 향한 작은 시선조차 허락하지 않을 만큼
봄의 대지를 화려하게 꾸미며 피어나는 장미꽃들,
필 때의 아름다움은 천상의 그것이다.
그러나 질 때는 꽃잎이 하나 둘씩 말라서 떨어진다.
떨어지는 잎새와 아직 남아 있는 잎새가
서로 극렬히 대비되어 참 추하다.

그러나 동백꽃은 다르다.
동백꽃은 질 때 꽃송이 전부가 '한 번'에 떨어진다.
따라서 질 때의 추함을 결코 보이지 않는다.

곧 아름답게 펴서 아름답게 사라지는 것이다.

투병 중이던 시인 이해인,
처음과 끝이 동시에 아름다운 동백꽃을 보며
'자신의 끝'도 아름다웠던 '자신의 시작'처럼
여전히 '아름다운 마무리'가 되기를 소망한 것이다.

사람도 그렇다.
시작은 좋은데 끝이 나쁜 사람,
만남은 화려하게 해놓고
이별은 지저분하게 하는 사람,
작은 생선을 닮은 못난 사람이다.

사람 사이에는
예기치 못한 갈등과 다툼도 발생한다.
그럼에도 그 다툼으로 인해
처음 좋았던 서로의 감정까지 부숴 버려서는 안 된다.
동백꽃이 들려주는 속삭임,
곧 "필 때도 질 때도 저처럼 한결같이
아름답고 품위가 있으셔야 합니다"라는
소박한 부탁을 기억해야 한다.

그렇다.
끝이 좋은 사람,
아니 끝도 좋은 사람,
그가 멋있는 사람이다.

잠시,
동백꽃의 꽃말인 '손을 놓지 않는 약속'을 기억하며
나의 푸른 노트에 이 글을 다시 남긴다.

"이별의 이유도 중요하지만
이별의 방식도 중요하다."

죄수 '슈호프'의 특별한 하루

알렉산드로 솔제니친의 「이반 데니소비치의 하루」,
소설 속 '이반 데니소비치 슈호프'는 평범한 목수였다.
그런 그가 단지 전쟁 중 독일군의 포로였다는 이유로
지옥보다 가혹하다는 '시베리아 강제수용소'에 수감된다.
이제 '슈호프'는 "췌-9호 104반 죄수"로 불리게 된다.
소설 속에는 '수용소의 실상'을 설명하는 문장이 있다.

"이곳에서는 아무 생각도 하지 마라.
오직 땅바닥을 바라보고 걷기만 하라."

양배추를 삶은 국물 한 그릇에 행복을 느끼는 강제수용소,
이곳은 '죄수의 교화소'가 아니라 '짐승을 가둔 우리'였다.
곧 '사람'이 아닌 '짐승'이 되어야만 '생존'이 가능한 곳이었다.
그런 '참혹한 공간'에서 '죄수 슈호프'가 견딜 수 있었던 것은

"남의 먹다 남은 빈 그릇을 혀로 핥거나,
의무실에 갈 꾀를 부리거나,
간수에게 동료 죄수를 고발하는 놈은
이곳에서 가장 먼저 죽게 된다."

라고 알려 준 12년차 고참 죄수 '쿠죠민의 충고' 때문이었다.

이후 슈호프는 자신이 수용소에서 지켜야 할 세 가지 원칙,
곧 '할 수 있는 것'과 '할 수 없는 것'과 '해서는 안 될 것'의
목록을 구상한 후 스스로 '몇 가지 규칙'을 정한다.

"아무리 추워도 밥을 먹을 때 모자를 벗고 먹으며,
수프에 나오는 생선 눈알은 제자리에 붙어있는 것만 먹으며,
담배가 피고 싶다고 하여
담배 피는 사람의 얼굴을 부러운 듯 쳐다보지 않는다."

슈호프의 특별한 결심,
이 수용소에서 짐승처럼 학대를 받고 지내지만,
인간으로서의 '최소한의 품위'만큼은 지키고 싶은 갈망이었다.
슈호프의 철학은 짐승처럼 살던 다른 죄수들에게 감명을 준다.
오물로 덮여 지저분했던 옥사(獄舍)가 깨끗해지고
죄수 사이에 오갔던 거친 욕설이 점차 사라진다.
더 많은 음식을 먹으려 다투던 싸움이 어느덧 잠잠해진다.
그리고 무엇보다 자신들이 수감된 이 지옥 같은 수용소에서
언젠가는 출소할 수 있다는 희망이 움튼다.
이윽고 10년의 수감생활을 마치고 출소하는 슈호프,
그의 얼굴은 '죄수의 흔적'이 전혀 없는 '맑은 표정'이었다.

품위와 품격,
그것은 인간이 짐승과 구별되는 '최후의 자존심'이다.
그 둘을 포기하는 순간 '야만'이 시작된다.
문득 스치는 생각 하나,

"사람으로 태어났으면
사람으로 죽어야 한다.
짐승으로 죽지 말고."

'몰록'을 닮아가는 사람들

시인 나희덕,
분명 조지 웰스의 소설 「타임머신」을
꼼꼼히 읽은 듯하다.

소설 속의 두 종족,
곧 지상에 사는 '엘로이 족속'과 지하에 사는 '몰록 족속',
언뜻 보면 지상에서 평화롭게 사는 엘로이 족속이 귀족이고
어두운 지하에서 사는 몰록 족속이 하인 같지만,
실상은 밤이 되면 지상에 올라와
엘로이 족속을 잡아먹는 몰록 족속이 '지배자'이다.

살상과 약탈을 '너무 쉬운 일'로 취급하고
어두운 지하의 암흑을 즐기고 사는 몰록 족속에게서
현대인의 초상(肖像)을 발견한 시인 나희덕,
이 시대 인간을 〈혈거인간〉에서 이렇게 묘사한다.

"이 도시의 지하는 생각보다 깊어요.
뿌리들이 나무를 지탱하듯
빌딩들이 버틸 수 있는 건
지하세계 덕분이지요.

몇 그램의 절망이
일용할 양식이 되는 곳,
산소 없이 살 수 없지만
너무 많은 산소에도 견디지 못하는 우리는
썩은 공기로 숨 쉬는 법을 배웠어요.
우리는 투명인간처럼 살지만
그렇다고 빛이 필요하지 않는 것은 아니에요."

혈거인간(穴居人間),
곧 '동굴에 살던 석기시대의 인간'을 말한다.
문명의 첨단을 사는 이 시대 인간이
자신의 '눈앞에 이익'만을 위해
권력이라는 '돌도끼'와 쾌락이라는 '석창'을 들고
약한 자를 겁박하는 일탈의 삶이
과거 동굴에 살던 '원시인'과 '미래의 몰록'과
결코 다르지 않다는 시인의 매서운 경고,
그 진실을 깨닫는 자가 '몇'이나 될까?

'파마(Fama)'라는 괴물

고대 로마 시인 베르길리우스,
시인 단테가 유일하게 존경했던 시인이다.
그런 이유로 단테는 「신곡」에서
자신을 지옥, 연옥, 천국으로 안내해 줄 인물로
베르길리우스를 선택했다.
베르길리우스의 대서사시 〈아이네이스〉,
이 작품에는 주목해야 할 매우 특이한 내용이 있다.

"그것은 천 개의 눈과 천 개의 귀,
그리고 천 개의 입을 가진 거대한 괴물이다.
한시도 잠들지 않고 모든 것을 보고 모든 것을 듣되,
사실을 꾸며 훨씬 더 많은 것을 말하고 다닌다.
어떤 못된 이야기가 발생하면
그것은 신이 나서 집들과 성들을 휩쓸고
바람보다 빠른 속도로 사방을 날아다닌다."

베르길리우스가 묘사한 "그것"은 무엇일까?
"그것"의 정체는 '파마(Fama)'이다.
라틴어 '파마'는 '소문' 또는 '악평'을 의미한다.

베르길리우스의 설명처럼

소문은 '세상에서 가장 빠른 발'을 가졌다.
그래서 소문은 하루만 지나도 모두가 알게 된다.

악평은 '세상에서 가장 큰 입'을 가졌다.
그래서 악평은 하루만 지나도 '구설수'로 확대된다.
그 결과 자신에 대한 '왜곡된 소문'이 번지고
그 소문이 '악평'으로 증폭되면,
그 소문의 진실 여부와 상관없이
한 개인의 인격과 권위는 철저히 파멸된다.
이보다 비열하고 야비한 폭력이 있을까?

지금도 '파마'는 '판단 지수'가 떨어지는 사람을 찾아와
자신이 생산한 '악의적 소문'을 '천 개의 입'으로 속삭인다.
문득 작가 강유일의 글이 스쳐 간다.

"나는 소문에 약한 사람과는
대화하지 않아요."

거짓, 미소 짓다

기원전 5세기의 고대 그리스,
당대 최고라는 명성을 떨치던 화가 제욱시스에게
신예 화가 파라시오스라는 '경쟁자'가 출현한다.
제욱시스의 심기를 불편하게 한 것은
파라시오스가 제욱시스보다
그림을 더 잘 그린다는 세간의 평가였다.

자존심에 상처받은 제욱시스는
파라시오스를 찾아가 '그림 대결'을 벌이기로 결심한다.
제욱시스는 '포도'를, 파라시오스는 '꽃'을 잘 그렸다.
파라시오스의 작업실로 달려간 제욱시스는
자신이 그린 포도나무를 파라오시스에게 보여 준다.
그 순간 '새'가 '포도'를 먹기 위해 날아와 그림에 부딪힌다.

이를 보고 미소 짓는 파라시오스,
제욱시스를 데리고 자신의 그림이 있는 작업실로 향한다.
작업실에 가 보니 '커튼에 반쯤 가려진 꽃 그림'이 걸려 있다.
제욱시스는 커튼에 가려진 '나머지 반쪽'을 보기 위해
그 커튼을 걷어내고자 손을 뻗는다.
그런데 이게 무슨 일인가?
커튼이 벗겨지지 않는 것이 아닌가?

그랬다.
그 '커튼 자체'가 '파라시오스가 그린 그림'이었다.
제욱시스의 그림은 '새'를 속였지만
파라시오스는 '새를 속인 화가의 눈을 속인 것'이다.
결국 '그림 대결의 승자'는 '파라시오스'였다.

드롱프뢰유,
이는 미술사에서 '눈속임 그림'을 일컫는 말이다.
곧 사물을 '라이카 카메라'로 찍은 듯
실사(實寫)처럼 정교하게 묘사한 화풍을 일컫는 말이다.
제욱시스와 파라시오스의 '그림 대결'처럼 말이다.

'속임수'란 낱말에 순간 전율한다.
이 시대는 '속임수'가 공개적으로 활보하는 '거짓의 시대'이다.
이 '거짓이 지나간 자리'에 남는 것,
그것은 상심, 허탈, 분노라는 '지저분한 부유물들'이다.

세상에서 '가장 위험한 길'

세상에서
가장 위험한 길은 어디일까?

후미진 도시의 밤길?
눈보라 휘날리는 숲속의 눈길?
홍수범람으로 무너진 방파제의 강변길?

물론 이런 길은 매우 위험하다.
그런데 이보다 '더 위험한 길'이 있다.
그것은 '끝이 없는 길'이다.
끝이 없는 길?
그런 길이 있던가?
있다면 어디 있는가?

그렇다.
끝이 없는 길,
그런 길이 있다.
곧 '욕망을 향해 가는 길'이다.
욕망은 라틴어로 '아바리티아(avaritia)'이다.
곧 '만족할 수(varitia) 없는(a)'이란 뜻이다.

그렇다.
욕망은 '만족이 허락되지 않는 병든 집착'이다.
따라서 탄탈로스의 비극처럼
아무리 먹어도, 마셔도, 채워도, 쌓아도,
결국 '영원한 목마름'과 '허기짐'에 시달린다.
그런 까닭에 '욕망의 길'에 들어선 자는
다이달로스가 만든 '출구 없는 미로(迷路)'를 헤매듯
매일 '끝없는 길'을 걷게 된다.
그리고 그 마지막은 '갈증과 탈진'으로 인한 '죽음'이다.

그럼에도 사람들은 '욕망의 길 그 끝'에
'황금'과 '쾌락'과 '권력'이라는 착한 우군(友軍)이
자신을 기다리고 있다고 착각한다.
예수 그리스도는 수가성의 여인에게 말씀하셨다.

"이 물은 마시는 자마다
다시 목마르려니와"(요 4:13).

그렇다.
욕망은 '마셔도 다시 목마르게 하는 나쁜 물'이다.
곧 쉽게 마셔서는 안 될 '오염수'일 뿐이다.

그럼에도 '욕망의 길'을 걷는 사람들은
그 욕망이 자신의 삶에 약동을 불어넣는
'생수'라고 확신한다.

예수 그리스도,
그분은 "내가 곧 길이요"(요 14:6)라고 말씀하신다.
그분의 길을 따라가면 '생명과 환희와 부활'이 있다.
이런 이유로 '그분의 길'을 걷는 자에게는
매일 '감격이 동반한 축제'가 제공된다.
따라서 '예수라는 길'은 모두가 걸어가야 할 '참 길'이다.

그대여,
테네시 윌리엄스의 「욕망이라는 이름의 전차」는
지금도 '빈자리'가 없는 만원(滿員)으로 '운행 중'이다.
따라서 '달콤하나 매우 위험한 욕망의 얼굴'을 간파하고
그 전차에서 속히 '하차(下車)'하는 사람은 현명한 사람이다.
그대가 질주하는 '욕망의 전차'에서 과감히 하차하는
우리 곁의 '첫 번째 사람'이기를 꿈꾸는 행복한 상상을 해본다.

욕망의 '나귀 가죽'

"그때 그 '나귀 가죽'을
다시 우물에 던졌어야 했다."

작가 발자크의 소설 「나귀 가죽」을 탐독한 후,
느낀 감성을 나의 '푸른 노트'에 꾹꾹 눌러 쓴 글귀이다.

청년 라파엘,
남작으로 태어났으나 가난만 물려받은 청년이다.
출세의 욕망은 컸으나 이 세상은 라파엘에게 냉정했다.
라파엘은 늘 '웃음기를 잃은 표정'으로 아침을 맞이한다.
타인의 회고록을 집필한 '원고료'로 생존하던 라파엘,
우연히 만난 아름다운 여인 '페도라 백작 부인'에 대한
자신의 사랑이 거절당한 후 '삶의 의욕'은 급속히 추락한다.
이후 도박판을 전전하다 남은 돈마저 다 잃자 '자살'을 결심한다.
자살 시도를 위해 걷던 중 골동품 상점에 들린 라파엘은
골동품상 노인에게 '이상한 물건'을 소개받는다.
그 '이상한 물건'은 '나귀 가죽'이었다.
나귀 가죽에는 산스크리트어로 기록된 글귀가 있었다.

"만일 그대가 나를 소유하면
그대는 모든 것을 소유하게 될 것이다.

하지만 그 대신 그대 목숨은
나에게 달려있게 될 것이다.
그대가 소원을 원하면 내가 들어줄 것이다.
다만 그대의 소원을 들어줄 때마다
나귀 가죽도 줄어들 것이고
그대의 살날도 줄어들 것이다."

신(神)의 존재를 믿지 않았던 라파엘,
자신이 '나귀 가죽'을 통해 '모든 것'을 얻더라도
신(神)이 그 글귀에서 경고한 '자신의 목숨이 줄어드는 일'은
결코 발생하지 않을 것이라 확신하고 '나귀 가죽'을 손에 넣는다.
이후 '나귀 가죽'을 통해 '부와 권력'을 취득한 라파엘,
이제 그의 신분은 '라파엘'이 아닌 당당한 '발랑탱 후작'이다.
욕망의 화신이 되어 온갖 사랑과 쾌락을 맛보던 발랑탱 후작,
그럼에도 그에게는 '11월의 감기'처럼 떨칠 수 없는 '불안'이 있다.
그것은 '자신의 지위'가 커질수록 '크기'도 줄어드는
'나귀 가죽' 때문이다.
작아지는 '나귀 가죽'을 따라 수명도 줄어들고 있음을
감지한 라파엘,
나귀 가죽을 우물에 버리지만 정원사가 발견하고 가지고 온다.
라파엘은 '나귀 가죽'을 다시 우물에 버리지 못한다.

결국 라파엘은 '수명' 대신 '욕망'을 선택한 것이다.
얼마 후 라파엘은 '죽음'을 맞이하고 '나귀 가죽'은 사라진다.

문득 드는 생각,
그때 라파엘이 정원사가 찾아온 '나귀 가죽'을
다시 '우물'에 버렸다면 그 이후는 어떻게 진행됐을까?
아니 처음부터 골동품상의 노인이 제안했던
그 '나귀 가죽의 위험한 마법'을 단호히 거절하고
자신을 냉대했던 '그 세상'과 의연히 맞섰으면 어땠을까?

잠깐 질문 하나,
그때 사라진 '나귀 가죽'은 지금 어디에 있을까?
그렇다.
그 '나귀 가죽'은 지금 '그대 곁'에 있다.
그대가 '자신'을 '구매'하기를 기다리면서 말이다.

가장 좋았을 때 가장 나빠졌다

작가 오스카 와일드의 「도리안 그레이의 초상」,
작품 속 청년 도리안은 감탄을 자아내는 '아름다운 외모'이다.
우연히 화실에서 도리안을 만난 화가 바질 홀워드,
도리안의 '천상의 아름다움'에 감동하여 그의 초상화를 그린다.
자신의 아름다움을 영구히 보존하고 싶었던 도리안,

"초상화가 나 대신 늙어 주고
나는 영원히 젊고 아름다웠으면 좋겠어요."

놀랍게도 '도리안의 소원'은 '현실'이 된다.
마침 그때 화실을 찾아온 쾌락주의자 헨리 워튼이
지상의 것이 아닌 '도리안의 아름다움'에 탄복한 후,
도리안에게 '새로운 세계'를 알려 주겠다며 '쾌락'으로 이끈다.
이제 '도리안의 즐거움'은 술, 성적 방종, 마약이다.
그때마다 감춰 뒀던 '초상화의 얼굴'은 '추한 모습'으로 변해간다.

늙지 않는 도리안의 악행은 제동할 줄 모른다.
도리안은 여배우 '시빌 베인'과의 유희 중
그녀를 절망시켜 결국 '자살'하게 만들고,
자신의 방종을 책망하는 '홀워드'에게 분개하여 그를 '살해'한다.
이후 도리안은 '자신의 타락'을 증언하는 '자기 초상화'를 없애기 위해 '홀워드를 죽였던 칼'로 '초상화'를 수없이 찌른다.
그 순간 도리안은 비명을 지르며 쓰러진다.
칼로 찌른 것은 '자신의 초상화'인데 '피'는 도리안이 흘린다.
비명을 듣고 달려온 하인들이 본 것은
가장 추한 모습을 한 채 죽어있는 '늙은 도리안'이었다.
반면 '초상화의 얼굴'은 '젊고 아름다운 모습'으로 환원되어 있었다.

도리안,
가장 좋았을 때 가장 나빠졌다.
헨리 워튼이 제공하는 '쾌락'이
'최고의 선물'인 줄 착각했기 때문이다.
도리안 그레이의 잘못은 '악이 제공한 선물'을
'선'이라고 믿은 것이다.
곧 '착한 악이 있다'고 믿었던 것이다.

"착한 악은 없다.
그렇게 보이는 것이 있다면
속지 마라.
그것은 교묘한 환시(幻視)일 뿐이다."

머리보다 '큰 모자'를 쓰면

작가 톨스토이가 「안나 카레니나」를 집필하고 있을 때
톨스토이를 존경하던 화가 '이반 크람스코이'가 방문한다.
그는 톨스토이의 자화상을 여러 번 그린 화가이기도 하다.
톨스토이를 통해 작품 속 비운의 여인 '안나'에 대해 들은
크람스코이는 그 여인의 느낌을 그림에 담는다.
그 작품이 〈미지의 여인〉이다.

검은색 벨벳을 입은 도도한 입매의 여인,
자신의 비극적 운명을 예견한 듯
눈매에는 깊고 짙은 슬픔이 서려 있다.
이 그림을 감상할 때마다 내 시선은
이 여인이 쓰고 있는 '모자'에 오래 머문다.

19세기 유럽에서 여인들의 '긴 손톱'과 '모자'는
귀족들에게만 허락된 사치품이었다.
〈미지의 여인〉이 쓴 모자는 흰색 줄로 수를 놓은
챙 위로 하얀 깃털이 장식되어 있다.
안나가 사랑했던 장교 브론스키를 만나러 갈 때
한층 멋을 내기 위해 착용한 듯 보인다.

경건한 유대인들,

회당에 들어갈 때는 '모자(기파)'를 썼다.
기파 안에 "하나님을 모시고 산다"라는
겸손의 고백의 의미로 말이다.
문득 모자에 대한 글귀가 떠오른다.

"자신의 머리보다 더 큰 모자를 쓰면
눈을 가려서 앞을 보지 못한다."

그렇다.
모자가 크면 '두 눈'을 가려 앞을 볼 수 없다.
자신의 능력에 비해 큰 권력을 누리는 사람,
자신의 실력에 비해 큰 명성을 구가하는 사람,
이런 사람들이
자신의 머리보다 '더 큰 모자'를 쓴 사람들이다.
그들에게 남은 것은 무엇일까?
머지않아 '심하게 넘어지는 모습'일 것이다.

감정 접기

샤일록,
셰익스피어의 희곡「베니스의 상인」속의 '고리대금업자'이다.
상선으로 무역을 하는 '기독교인 안토니오'가 친구 '바사니오'를
돕기 위해 유대인 샤일록에게 '금화 3000두카토'를 빌린다.
거부 벨몬트 가문의 상속녀이며 총명한 여인
'포샤'를 연모하는 바사니오가 그녀에게 청혼하기 위해
'거액'을 빌려 달라고 부탁하자
안토니오가 샤일록에게 '고리대금'으로 빌린 것이다.
사실 '금화 3000두카토'는 상상을 초월하는 거금이다.
당시 피렌체 공화국에서 서기를 담당하던
마키아벨리의 연봉이 '100두카토'였음을 볼 때,
이 액수는 고위공직자 '30년 연봉'에 해당하는 거액이다.

문제는 이 사채(私債)를 빌릴 때의 차용계약서에 있었다.
그 내용은 기한 내에 갚지 못하면 '살 1파운드'를 베겠다는 것.
빚을 낸 후 안토니오는 자신의 무역상선이 난파되어 파산한다.
빚을 갚지 못한 채무자 안토니오는
결국 샤일록에 의해 법정에 선다.
남장(男裝)을 한 재판장 포샤가 샤일록에게 자비를 요청하자
샤일록은 "아니요, 베니스를 다 주어도 안 됩니다"라고 거절한다.

유대인 고리대금업자라는 이유로
자신을 멸시한 기독교인 안토니오를 증오한 샤일록,
평소 "미우면 죽이고 싶은 거요, 다들 그렇지 않소?"라고
말하며 안토니오에 대한 적개심을 노출했었다.
결국 샤일록은 "살을 자르되 피 한 방울도 흘리지 않게 하라.
그럴 경우 그대의 토지와 재산은 베니스에 귀속한다"라는
포샤의 판결로 인해 목적을 이루지 못하고 주저앉는다.

한편 아버지 샤일록의 악독에 좌절한 딸 제시카,
자신이 사랑하는 기독교인 청년 로렌초를 위해
샤일록의 재산과 보석을 주머니에 넣고 가출한다.
이후 샤일록은 철저히 파산한다.

샤일록의 불행의 시작,
분노와 적개심이라는 병든 감정을
제때 '접지' 못해서 비롯됐다.
감정, 잘 접어야 한다.
우산도 이불도 수건도 잘 '접어야'
다음 날에 사용하기 편리하지 않은가.

사라진 로마

인류,
역사 초기부터 '강한 힘'을 추구했다.
오직 '생존'을 위해서이다.
도시 자체가 '지붕 없는 역사박물관'인
로마의 지명(地名)을 볼 때 이 사실이 확인된다.

그리스연합국과의 10년에 걸친 전쟁에서 패한
트로이의 왕자 아이네아스는 아버지 앙키세스를
등에 업고 그 도시를 탈출한다.
오랜 항해 끝에
이탈리아 중부의 일곱 언덕 위에 나라를 세우고
딸 '로메(Rhome)'의 이름을 따서 '로마(Rome)'라고 짓는다.
이 '로마'의 뜻은 '힘이 강력한'이다.

이후 로마는 이 지명처럼
지상 최고의 강대국으로 1000년간 세계를 지배한다.
그런데 신적 권위처럼 강력했던 로마의 무너짐은
건국 초기처럼 타민족을 '배려하는 정신'이 무너지고
그들에 대한 '우월감'이 지배하면서부터였다.

그들은 고귀한 신분인 자신들이 '칼'을 쥐고

국가를 지키는 것은 어울리지 않기 때문에,
신분이 비천한 야만인에게 보수를 주고
용병을 삼아 국방을 대신하게 했다.
결국 돈으로 고용된 '애국심 없는 용병들'은
적국의 '더 큰 보수'에 매수되어 로마의 성문을 열어 준다.
이후 로마는 지상에 '유물'만 남긴 채 역사에서 사라진다.

사람을 살리는 힘이 '참 힘'이다.
권력이 난폭해지면 폭력이다.
질서와 통제를 상실한 힘은 '주먹질'에 불과하다.

잠시 우월감에 도취되어 흔들릴 때
정신의학자 칼 융의 말을 기억한다.

"사랑이 지배하는 곳에 권력이 없고
권력이 지배하는 곳에 사랑이 없다."

제5부
에뜨왈을 위한 첫 시작

그대의 '월척'은?

가장 불행한 낚시꾼,
그는 '월척'만 낚기 위해
좌대에서 초조해하는 '월척 중독자'이다.
그날 낚시의 성패를 월척에 거는 사람,
그는 사실 '물고기'를 낚는 것이 아니라
'30cm 크기의 욕심'을 낚는 것이다.

이런 사람,
처음 출어하여 잡은 소린(小鱗),
곧 '작은 물고기'를 낚고 환호했던
그때 그 소박한 즐거움을 기억이나 하고 있을까?
준척(準尺)을 건지고도 불만스러워하는
지금의 그 표정을 언제쯤 버릴 수 있을까?

욕망에 중독되는 순간,
맑은 사람조차 한순간에
천박하고 초라한 존재로 전락한다.
「맥베스」의 맥베스가 그랬고
「적과 흑」의 쥘리앙 소렐이 그랬고
그리스 문학의 미다스 왕이 그랬다.

삶 속에 촘촘히 숨어있는 일상의 기적을 낚아
감사하는 것이 어쩌면 '진짜 월척'일지 모른다.
욕망은 사람에게 '작은 성취'를 던져 주고
가장 귀중한 '평안과 감사'를 차압한다.

그럼에도 지금,
강가나 호수가 아닌 지상 위에서
채 '다섯 푼'도 안 되는 명예와 갈채,
일주일의 유효기간도 못 채우는
권력이란 월척을 낚기 위해
분주히 달리는 '월척 낚시꾼들'을 자주 본다.
참 지쳐 보인다.
옛말이 문득 스쳐 간다.

"하늘에서
황금비가 내려도
인간의 욕심은 채울 수 없다."

독(毒)은 '금잔'에 담겨 있다

그대여,
높은 곳에 오를수록
숨이 차고 가빠지는 법이다.

그러니
그대의 지위와 신분이 높아질수록 조심하라.
이것을 간과하다가
그 높은 곳에서 숨 가쁜 가슴을
부여잡고 쓰러지는 사람을 많이 보았다.
오래전부터 나 자신과 맺은 '세 가지 약속'이 있다.

내 자리가 아닌 곳에 앉지 않는 것,
내 것이 아닌 것을 가지려 애쓰지 않는 것,
내게 어울리지 않는 것은 기웃거리지 않는 것.

어쩜 이것들이 '매우 못난 나'를
야심과 야망으로 얼룩진 이 세대로부터
조금이라도 지켜준 '아름다운 울타리'일지 모른다.

그대여,
대중으로부터

그대가 지닌 인격 이상의 '칭찬'을 받을 때
눈으로는 감사하게 받고
가슴으로는 정중히 거절하라.

그대여,
타인으로부터
자신의 능력 이상의 '환대'를 받을 때
조금 고개를 숙여 그 환호를 살짝 피해 가라.

그대여,
자신의 실력 이상의 지위가 주어졌을 때
그 자리가 자신에게 '어울리는 자리'인지 고민하라.
눈부시게 화려하지만 심장을 얼게 만들 만큼
위험한 '다모클레스의 검'일 수 있으니까.

그대여 기억하라.
독(毒)은 항상 '금잔'에 담겨 마시게 되는 법이다.

시간과의 화해

작가 미하엘 엔데의 소설 「모모」,
이 작품은 '부지런함'이 아닌 '분주함'으로 지쳐가는
'인간의 불행'을 서술한 소설이다.
곧 남의 말을 잘 들어주는 능력이 있는 작은 소녀 모모가
회색 신사들과 그들을 뒤에서 조종하는 '호라 박사'와
'시간'을 두고 일전(一戰)을 벌이는 판타지 소설이다.

어느 날 도시에 나타난 회색 신사들은
사람들을 만날 때마다 이렇게 설득한다.

"당신이 가지고 있는 시간은 한정되어 있습니다.
모든 일을 빠르게 처리하십시오.
30분이 걸리는 일을 15분 만에 끝내세요.
자식들과 노는 시간은 집어치우고
저희 은행에 시간을 저축하세요.
그러면 나중에 이자를 붙여
2~8배 정도의 시간을 다시 돌려드리겠습니다."

회색 신사들의 설득에 속아 사람들은
바삐 움직이고 시간이 부족한 삶을 산다.
행동이 느릿하면 멸시를 당하는 삭막한 현실에 갇힌다.

모모는 '미래'를 '30분'까지 내다볼 수 있고
자신의 등에 있는 글자로 대화를 할 수 있는
'카시오페이아'라는 거북이와 '시간의 근원지'로 가서
'시간의 신(神)' 같은 존재인 '호라 박사'를 만나게 된다.

이후 모모는 치열한 전투 끝에 '빼앗긴 시간'을 되찾는다.
시간을 돌려받게 되자
사람들은 꽃의 아름다움을 감탄할 여유를 찾게 되고
새에게 모이를 줄 시간을 갖게 된다.
의사들은 환자를 세밀히 돌볼 시간을 갖게 되어 행복해한다.
이제 '시간'은 다시 '풍부'해진다.
작가 '플로이드 델'이 들려준다.

"한가함이란
아무것도 할 일이 없는 상태가 아니라,
무엇이든 할 수 있는 여유가 생겼다는 뜻이다."

타미리스의 한숨

그리스 문학을 보면,
문학, 음악을 관장하는 아홉 명의 '무사이'(뮤즈)가 나온다.
다음은 아홉 명의 '무사이의 명단'이다.

칼리오페(서사시), 클레이오(역사), 에우테르페(서정시),
멜포메네(비극), 테르프시코레(합창), 우라니아(천문),
폴리힘니아(찬가), 탈리아(연극), 에라토(연애시).

잠시 '에라토'에게 주목해 본다.
에라토는 그리스어로 '사랑스럽다'는 뜻이다.
사랑의 시를 관장하는 에라토에게 아들 '타미리스'가 있었다.
에라토의 재능을 물려받아 뛰어난 음유시인이 된 타미리스는
재능을 유감없이 발휘하여 델포이에서 열리는 가장 권위 있는
노래 경연인 '피티아 경기'에서 '세 번째'로 우승을 한다.
그런데 이 시점에서 문제가 발생한다.
오만과 자만에 중독된 타미리스가
무사이 여신들에게 '음악 대결'을 요구한 것이다.

신(神)에 대한 인간의 도전,
그것은 그 시대 그리스인들에게 '휘브리스',
곧 '신에게 결코 용서받지 못할 오만'이었다.

따라서 오만 이후에는 '처절한 죽음'이 뒤따랐다.
타미리스의 패배는 이미 예정된 것과 다름이 없었다.
결국 무사이 여신에게 비참하게 패한 타미리스는
패배의 대가로 '시력'과 '목소리'를 빼앗긴다.
재능(才能)이 재앙(災殃)이 되는 순간이다.

재능은 '하늘의 선물'이다.
따라서 '성물(聖物)'처럼 귀하게 다뤄져야 한다.
그럼에도 오늘날 설익고 어설픈 몇 가지 '잔재주'로
자신을 드러내려 애쓰는 '슬픈 광대들'이 자주 출몰한다.
그럴 때마다 자신의 '숭고한 재능'을 '아이들의 재롱잔치'처럼
저급하게 취급하다가 '시력과 목소리'를 잃어버렸던
그 '타미리스의 한숨 소리'가 들린다.

그 소리,
저들도 들었으면.

아마란스와 월계수

아마란스,
성서의 민족 히브리인들이
지상에서 '가장 고귀한 꽃'으로 여기는 '신성한 식물'이다.
고대 유대 랍비 문서를 보면,
아담과 하와가 타락하여 '에덴동산'이 황폐해졌을 때
야훼 하나님이 '에덴동산'에서 뽑아
유일하게 하늘로 옮긴 꽃이 '아마란스'라고 한다.

그리고 지상에서 야훼 하나님을 신실하게 섬긴
경건한 사람이 생을 마치고 천국에 입성하면
야훼 하나님이 '아마란스로 만든 면류관'을
그 머리에 씌워 준다고 말한다.

월계수,
지혜의 민족 고대 그리스인들이
지상에서 가장 소중히 여기던 식물이다.
월계수는 모든 꽃나무 가운데
유일하게 '번개를 맞지 않는 나무'라고 한다.
따라서 고대 그리스인들에게 '월계수'는 '불멸의 나무'였다.
그런 이유로 고대 그리스인들은
시성(詩聖)과 올림피아 우승자의 머리에

월계수 잎으로 만든 관을 씌워 주며 존경을 표했다.
이 전통은 로마제국까지 이어져
황제가 '자신의 머리'에 그 관을 쓰게 된다.

이집트나 페르시아의 면류관은 조금 달랐는데,
이들의 국왕은 '티아라'로 불리던 두건(터번) 위에
파란 리본 띠를 묶어 머리에 썼다.
이런 면류관을 '디아데마(diavhma)'라고 불렀는데
영어문화권에서 '왕관'을 의미하는 '디아뎀(diadem)'은
여기에서 유래했다.

궁금한 것 하나,
그렇다면 '이 시대의 면류관'은 무엇일까?
최소한에 감사하는 삶,
다툼을 멀리하는 온유한 표정,
불만을 말할 때 '부탁'처럼 말하는 언어,
이런 삶을 실천할 때 받는 '존경'이 아닐까.

'작은 악마'는 없다

나치 히틀러 시대,
1인자였던 총통 히틀러 곁에서
유대인의 학살을 주도했던
나치의 선전 장관인 2인자 요제프 괴벨스,
그들 모두 '유대인 학살'의 '일급 전범들'이다.

그런데 이들 아래,
3인자였던 나치 친위대장 '하인리히 히믈러'가 있었다.
사실 모든 유대인의 학살의 설계와 진행은
모두 3인자 '히믈러의 지시'에 의해 집행되었다.

이 '악의 설계자' 히믈러라는 인물,
그를 셰익스피어의 희곡 「끝이 좋으면 다 좋아」의
표현을 빌려 말한다면,

"그는
정직한 사람이 가지고 있지 않은
모든 것을 가지고 있으며,
정직한 사람이 반드시 가져야 하는 것을
하나도 가지고 있지 않은 사람이다."

유대인 대학살 홀로코스트,
그것이 '3인자 히믈러의 솜씨'라는 사실,
참 '불쾌한 충격'이다.

역사는 히틀러와 괴벨스를 '악마'라고 부른다.
그런데 두 인물의 '거악(巨惡)'에 주목하느라
실제 그 학살을 집행했던 '히믈러'를 잊고 산다.

큰 악마였던 히틀러와 괴벨스 뒤에 숨어있던 히믈러,
그도 사실 '악마'였다.
다만 '가려져서' 보이지 않았을 뿐이다.
그럼에도 히믈러가 자행한 '악'은 결코 작지 않았다.

그렇다.
작은 악마는 없다.
다만 숨어있을 따름이다.

독사도 '독'은 싫어한다

여인 '로쿠스타'는 1세기 '로마의 독살전문가'였다.
그녀는 어릴 적 배웠던 '약초 다루는 법'을 악용하여,
정적 제거를 사주하는 권력자로부터
황금을 받고 그 대상을 독살하던 여인이다.
이런 그녀의 악행이 극악에 치달은 것은
로마 4대 황제 '클라우디우스의 독살'이었다.
클라우디우스의 넷째 아내였던 악녀 아그리피나가
전(前) 남편의 아들 네로를 황제로 만들기 위해
로쿠스타에게 별장 한 채에 해당하는 착수금을 주며,
클라우디우스 황제의 독살을 사주한다.
사흘 후 로쿠스타는 황제의 오찬 중
버섯에 독을 섞어 클라우디우스를 독살한다.

이후 갑자기 거부가 된 로쿠스타,
자신이 로마 제일의 '행운을 지닌 자'라 미소 짓는다.
그러나 그것은 그녀의 성급한 착각이었다.
자신의 권력 찬탈의 내막을 분명히 알고 있는
로쿠스타가 불편스러웠던 네로 황제는
로쿠스타에게 '7일 안'에 자살할 것을 명령한다.
이에 반발한 로쿠스타는 도피하며 저항하나
결국 5일 만에 스스로 만든 독배를 마시고 자살한다.

타인을 독살하기 위해 제조한 그 독약으로
자기 스스로를 독살해야 했던 여인 로쿠스타,
이는 '황금'에 숙취되어
그것을 '자신의 유일신'으로 채택한 사람의 결말을
예리하게 통고하는 '예언적 통찰'이다.

기억해야 할 사실 하나,
독을 다루는 데 그토록 능숙했던 로쿠스타도
그 독을 참 두려워하고 싫어했다는 것이다.
그렇다. 독사도 '독'은 싫어한다.
다만 자기를 '보호'하기 위해 '몸 안'에 담고 있을 뿐.
셰익스피어의 희곡 「리처드 2세」 제5막 6장,
이곳에 이 시대 '로쿠스타'가 기억해야 할 문장이 있다.

"독을 필요로 하는 자도
독을 사랑하지는 못한다."

에뜨왈(Etoile)

파리오페라 발레단,
350년의 역사를 지닌 유럽 최고의 발레단이다.
세상의 모든 발레리나와 발레리노가
입단을 꿈꾸는 '발레의 성지(聖地)'이다.

파리오페라 발레단원들의 실력은 매우 출중하다.
그런데 세계 최고로만 구성된 '151명의 발레단원'에서도
실력에 따른 '5등급'의 구분이 존재한다.
그것은 각각 이렇다.

에뜨왈 - 최고발레무용수(15명 중 여성 9명)
프르미네 당쇠르 - 제1무용수(14명)
쉬제 - 솔리스트(41명)
코리페 - 군무리더(29명)
카드리유 - 군무단원(52명)

파리오페라 발레단의 역사 중 '아녜스 르테스튀'는
가장 수준 높은 우아함과 기량을 갖춘 '에뜨왈'로 평가된다.
그녀가 '16년간' 보여 준 무대 위의 아름다운 동작은
관객들에게 최고의 감동을 선사했다.

에뜨왈(Etoile),
프랑스어로 '하늘의 별'이라는 뜻이다.
모두가 꿈꾸지만 아무에게 쉽게 허락되지 않는 자리이다.
그 자리에 오르기까지 얼마나 많은 좌절을 겪어야 했으며
그 좌절을 극복하기 위해 얼마나 많은 훈련을 반복해야 했을까?

세상의 모든 귀한 것,
그것은 그냥 주어지지 않는다.
오직 그것만을 생각하며
오직 그것만을 위해 호흡하며 사는 자,
그런 자에게만 주어지는 '신성한 작위(爵位)'이다.

발레만 그럴까?
삶 속에도 '에뜨왈'이 요구된다.
청정한 인격과 정돈된 태도와 맑은 표정을 장착한 사람,
육체의 노화보다 정신의 노화를 두려워하며 자신을 살피는 사람,
그런 사람이 '지상의 에뜨왈'이 아닐까?

우골리노의 분노

단테는 「신곡」 지옥 편에서 '26가지 죄'를 고발한다.
지옥의 마지막 제9옥에 도착한 단테는
어떤 사람이 누군가의 머리를 뜯어먹고 있는
괴이한 모습에 커다란 충격을 받는다.
이 사람은 '13세기 피사의 귀족'이던 '우골리노 백작'이었다.
충격에 휩싸였던 단테는 우골리노에게 묻는다.

"이 사람을 그토록 짐승처럼 씹어먹으며
증오하고 저주를 늘어놓는 이유가 무엇인가?"

이 질문에 분기에 취한 우골리노의 설명은 이랬다.
"내가 물어뜯고 있는 놈은 대주교 '우발디니의 루지에르'이다.
나는 대주교 루지에르의 '사악한 술수'에 넘어가
권력투쟁에서 패배하여 아들들과 함께 탑 속 감옥에 갇혔다.
그런데 식사 시간에 맞춰 망치 소리가 들렸다.
곧 음식을 주는 대신 누군가가 감옥 문에 못질을 한 것이다.
나를 탑 속에서 굶겨 죽이려는 시도였다.
나뿐 아니라 함께 굶고 있는 자식들을 보며 나는 분개했다.
말라 죽어가는 자식들을 위해 애써 굶주림을 견디었지만,
결국 배고픔을 견디지 못하고 세 아들은 죽었지.
나 우골리노도 너무 굶주려 '장님'이 되었고.

배고픔에 지친 나는 자식들의 시신을 먹는 죄를 저질러야 했지.
얼마 후 더 이상 먹을 것이 없던 나도 죽어 이곳에 온 거지.
이곳에 오니 내 가문을 죽게 한 '루지에르'가 있지 않은가?
그래서 억울하게 죽은 내 가족의 복수도 하고,
또 이 지옥에서의 배고픔도 달래기 위해
이놈의 머리통을 물어뜯고 있는 것일세."

이야기를 마친 우골리노,
다시 대주교 머리를 미친 듯 물어뜯는다.
궁금하다.
단테는 무엇을 말하려 했던 것일까?
'바르게 사는 것'이 '잘 사는 것'이며
또한 '바르게 살아야 바른 죽음을 맞이할 수 있다'는
평범하나 '매우 특별한 진실'을 말하려 함이 아니었을까?

지금 나,
잘 살고 있는가?

'도사리'의 삶

도사리,
이 시대에는 '낯선 우리 말'이다.
그럼에도 이 시대가 '기억해야 할 낱말'이다.

도사리,
그것은 '채 익지 못한 채로 떨어진 과실'을 말한다.
다 익지도 못한 채 땅에 떨어진 과일,
이것을 바라보는 '과수원지기의 마음'은 어떨까?

그렇다.
도사리는 '과수원지기의 수고'를 외면하는 '배반'이다.
안타깝게도 이 시대의 '소금과 빛'으로 부르심을 받은
종교인들에게서 '도사리의 흔적'이 쉽게 발견된다.

열매를 보고 그 나무를 안다고 했다.
그럼에도 신앙인들이 삶과 품성 속에서 맺는 열매는
설익었거나 부실하여 씁쓸하다.
왜 이리 되었을까?

그 까닭,
일상에서 '좋은 품성 갖기'에 관심이 없어서이다.

오히려 하늘로부터 부여받은 '재능과 재물'을
아픈 사람, 약한 사람을 살리는 일이 아닌
세속의 즐거움과 자기만족을 탐닉하는 데
'소진(消盡)'했기 때문이다.

완숙(完熟)되어 땅에 떨어진 도토리는
겨울을 맞이할 '다람쥐'와 '청설모'를 살린다.
이렇듯 '완숙'은 '나와 그대를 살리는 신비'이다.

문득 드는 생각,
이 시대 신앙인들이 자신이 '도사리가 되는 것'을
조금이라도, 아니 '단 한 번'만이라도 두려워했다면
세상의 조도(照度)는 지금보다 훨씬 밝아졌을 것이고
세상의 명도(明渡)도 지금보다 더욱 또렷해졌을 것이다.
더 나아가 신앙인들이
길가에서 '정중한 인사'를 받는 '정신적 귀족'이 되었을 것이다.
그런 '꿈같은 현실'은 아직 요원(遼遠)해 보인다.

'헹굼'의 철학

mal,
이는 프랑스어로 '악(惡)'이란 뜻이다.
그런데 'mal'은 '고통'이란 뜻도 갖고 있다.
그들은 '악'을 '고통을 부르는 행위'로 이해한 것이다.
곧 '악을 행하는 것'도 '고통스러운 것'이지만
악의 결과도 '고통과 재앙이 따른다'는 해석이다.

악(mal)에는 '차가운 악'과 '뜨거운 악'이 있다.
차가운 악은 거짓, 냉대, 허영과 같이
'완력을 사용하지 않는 악'이다.
뜨거운 악은 강탈, 폭력, 살인과 같이
'피를 흘리게 하는 악'이다.
표면적으로는 '눈에 보이는 뜨거운 악'이 더 위험하게 보이지만
삶의 생태계를 위태롭게 하는 것은 사실
'보이지 않는 차가운 악'이다.
왜 그럴까?

뜨거운 악을 발생시키는 시작이
내면의 차가운 악이기 때문이다.
곧 '차가운 악'인 '내면의 미움과 증오'가 밖으로 분출되어
'뜨거운 악'인 '폭력과 살인'이 발생한다.

내부의 욕망과 탐욕이 외부로 노출되어
약탈과 강탈로 비화(飛化)되는 것도 같은 맥락이다.
따라서 이제 필요한 것,

헹굼,
헹구다.

그렇다.
야채는 흐르는 물에 잘 헹구어야 한다.
그래야 '청정'하다.
빨랫감도 세탁 후 반드시 헹구어야 한다.
그래야 산뜻하고 말쑥하다.

어찌 야채와 옷감만 그럴까?
삶도 잘 헹구어야 한다.
거짓의 늪에 빠져 오염된 '생각과 표정'을 헹구어야 한다.
특히 '모진 말'을 쏟은 '혀'를 헹구는 '구강청결'이 요구된다.
그래야 삶에 '윤(潤)'이 난다.
얼굴에 깊게 파인 주름보다 슬픈 것이
구겨진 파지(破紙)처럼 '쭈굴쭈굴해진 인격'이다.

돼지에게는 '진흙탕'이 '놀이터'이다

얀테의 법칙은 덴마크를 지배하고 있는 '삶의 철학'이다.
노르웨이 작가 악셀 산데모제는
소설 「도망자, 그의 지난 발자취를 따라서 건너다」에서
가상의 마을인 '얀테 주민'들이 실천하는 '10개의 생활철학'을
소개하고 있는데 그것을 '얀테의 법칙'이라고 말한다.

1. 그대가 특별하다고 여기지 말라.
2. 그대가 다른 사람들보다 착하다고 여기지 말라.
3. 그대가 다른 사람들보다 똑똑하다고 여기지 말라.
4. 그대가 다른 사람들보다 우월하다고 여기지 말라.
5. 그대가 다른 사람들보다 더 많이 안다고 여기지 말라.
6. 그대가 다른 사람들보다 중요하다고 여기지 말라.
7. 그대가 무엇이든지 잘할 것이라고 여기지 말라.
8. 남들을 비웃지 말라.
9. 아무도 그대를 신경 쓰지 않는다.
10. 그대가 다른 사람들을 가르칠 수 있다고 여기지 말라.

사실 특별한 것이 없는 '열 개'의 삶의 철학들이다.
그럼에도 이 법칙에서 '산상수훈'에 대한 '거룩한 표절'을 본다.
곧 '소유와 집착'을 거절하고 '배려와 섬김'을 선택한 그들,
이런 '봄의 표정'을 소유한 사람들이 존중받는 시대가 될 때

이 대지는 '천국'을 닮고, 사람들은 '천사'를 닮게 된다.

그럼에도 이 시대는 '무례'와 '무지'가 주인 행세를 한다.
살면서 '미안함'과 '부끄러움'을 배워 본 적이 없는 사람들이
지금 '두 손'에 '황금과 권력'을 쥐고 포효하고 있다.
성공을 '관리할 실력'도 준비하지 못한 채
너무 일찍 갖게 된 성공이 만든 '못난 괴물들'이다.

그런 그들이 지나간 자리는 '꽃밭'은 '쓰레기 하치장'이 되고
고즈넉한 카페는 '질벅한 욕정의 공간'이 된다.
고민하고 고민하다가 가까이 다가가서 "그러면 안 된다"라고
충고하면 그들은 '서슬 퍼런 눈매'와 '상스러운 언어'로 반발한다.
왜 그렇게 살까?
그것은 '깨끗함'과 '더러움'의 차이를 몰라서이다.
더 나아가 '더러운 것'이 '몸에 맞는 옷'을 입은 듯 편해서이다.
그리고 '더러운 것'이 '입에 맞는 음식'처럼 맛있어서이다.

그렇다.
돼지에게는 '진흙탕'이 '놀이터'이다.

그대의 '별'을 찾습니다

단테의 「신곡」,
단테가 방문한 지옥에는 '세 가지'가 없었다.

희망,
친절,
하늘의 별,

이것들이었다.
특히 단테는 지옥이 '별이 없는 곳'이라는
사실에 커다란 충격을 받는다.

별,
옛사람들은 이 땅에서 '위대한 일'을 한 사람이
세상을 떠날 때 하늘의 천사가 내려와
그 사람의 영혼을 두 손에 담아 '별'에 옮겨 놓았다고 믿었다.
따라서 고대인들에게 별은 '선한 영혼'이 '안식하는 거처'였다.
그런데 지옥에는 '별'이 없다.
곧 지옥은 '선함'이 머무를 '공간'이 없다는 문학적 은유이다.
그런데 오늘날 도시에서 '별'을 볼 수 없다.
그 까닭?

도시는 사람들이 '일'을 마치고
일찍 '귀가'하는 것을 좋아하지 않는다.
따라서 계속 '일'을 하게 하려면 '낮'이 계속되어야 한다.
그래서 '해'가 져서 '밤'이 올 즈음이 되면
그 '밤'을 '낮'으로 변신시키기 위해
재빨리 '인공태양'인 '조명'과 '네온사인'을 밝힌다.
그 순간 '하늘 별'은 흔적 없이 지워지고,
그 아래 대지는 탐욕과 욕망이 춤을 추는 '지옥'이 된다.

그렇다.
도시에서 유독 '별'이 보이지 않는 이유,
그것은 '도시'가 '별'을 '영구추방'했기 때문이다.
시인 하이네는 말한다.

"황금이
아름답다는 것을 알게 되면,
별이 아름답다는 것을 잊게 된다."

'아버지의 한숨'은 '기도'이다

태풍(颱風),
최대풍속이 32.7m/sec 이상인 바람이다.
사람들이 가장 두려워하는 '센 바람'이다.

태풍의 명칭은 지역에 따라 다양하게 불린다.
북태평양 서부에서 발생하는 열대성 저기압은 타이푼,
대서양과 북태평양 동부에서 발생한 것은 허리케인,
인도양의 것은 싸이클론,
호주에서 발생한 것은 '윌리윌리'라고 한다.
그런데 이런 태풍보다 '더 강한 바람'이 있다.
그것은 '자식 걱정'에 내쉬는 '아버지의 한숨'이다.

아픈 아들,
가난한 딸,
어긋난 자녀,

자기의 피붙이인 자식,
그 자식들이 힘들어하는 모습에 너무 가슴 아파
몰래 구석진 방에서 '휴' 하고 내쉬는
그 '한숨 소리'가 '태풍보다 더 강한 것'을
내 아버님이 세상을 떠난 이후,

그리고 내가 아버지가 된 이후에야 알았다.

오늘도,
어김없이 지상에 퍼지는 아버지의 한숨 소리,
그것을 다 모으면
바다도 마르게 하고 태산도 흔들 것이다.

그러나 아버지의 한숨 소리,
그것은 내 자식을 아프게 했던 '나쁜 것들'을
저 멀리 날려 보내는 '조용한 힘'을 지녔다.
따라서 '아버지의 한숨'은 '기도'이다.

그렇다.
시인 서정주 님의 시어를 빌려 말하면
세상 모든 자식을 키운 '8할'은 '아버지의 한숨'이다.
따라서 '아들'은 '한숨'을 배울 때 비로소 '아버지'가 된다.
이 기막힌 사실을 자녀들은 알까?

'멋진 신세계'는 가능한가?

올더스 헉슬리의 소설 「멋진 신세계」,
1932년에 발표한 '디스토피아' 소설로서
다가올 미래를 '예언적 필치'로 다룬 통찰에 전율한다.

작품 배경,
2540년의 '런던 중심가'에 들어선 '34층 건물'이다.
사실 그곳은 예사 건물이 아니다.
인구 균형을 위해 출생하는 태아의 수를 조절,
아니 정확히 말하면 '조작'하는 본부이다.
인공 부화 공법인 '보카노프스키 처리 과정'을 통해
한 개의 난자에서 '96개의 태아'를 만든 후,
'267일' 만에 탄생시키는 곳이다.
곧 '출산'이 아닌 '생산'하는 곳이다.

이 아이들은 출생 전부터 5개의 등급,
곧 알파, 베타, 감마, 델타, 입실론이 매겨진다.
그 방법은 '미리 결정된 등급'에 따라
태아의 '뇌'에 공급되는 '산소의 양'을 조절하는 것이다.
곧 '산소를 충분히 공급받은 아이'는 '우수계급'인 알파 계급,
그렇지 않은 태아는 '산소공급량'에 따라
나머지 계급이 결정된다.

또한 출생 이후에는 '신분에 맞는 옷'을 입게 되는데,
알파 아이는 회색, 베타 아이는 파란색, 감마 아이는 초록색,
델타 아이는 황갈색, 입실론 아이는 검은색이다.

이후 아이가 태어난 지 '8개월'이 되면,
아이는 '간호사'에게 '조건반사 교육'을 혹독하게 받는다.
곧 '꽃'을 보여 주면서 '통증'을 동반한 '전기 자극'을 주고
책을 보여 주면서 '심한 소음'을 귀에 들려준다.
이 추악한 경험은 이 아이로 하여금
평생 '꽃'과 '책'을 '증오하게 하는 감정'을 갖게 한다.
이는 '교양과 문화'를 거절하게 만드는 조작이었다.
그리고 밤마다 취침 전에 "나는 행복하다"라는 외침을
기계처럼 '150번씩' 외치게 한다.
그것은 '가짜 행복'의 주입을 위한 '자기 암시'였다.

또한 이 아이들이 불안, 초조를 느끼지 못하도록
'소마'라 불리는 '작은 알약'을
주기적으로 먹게 하여 그 '불안'을 잊게 했다.
그 결과 아이들은 성장한 후에도
국가가 연출한 '가짜 유토피아'에 속아 산다.

교육(教育)이 '사육(飼育)'으로 변질되는 순간,
그곳에 '인형'과 '기계인간'은 존재해도 '사람'은 없다.
지옥이 무엇인가? '살아 있는 인간'이 사라진 공간이다.
곧 '불이익'을 감수하면서도 선과 의를 선택하는 사람과
'위험'을 알면서도 그것이 옳기에 자신을 던지는
그런 사람이 사라진 곳이 '지옥'이다.

인간의 손으로 건축하려는 '멋진 신세계',
그것이 '환각'임을 작가는 알려 준다.
사실 '멋진 신세계'는 없다.
그 '멋진 신세계'가 목재, 석재 심지어 보석으로 짓는
「오즈의 마법사」의 '에메랄드 왕국'이 아니기 때문이다.

멋진 신세계,
그것은 섬김, 배려, 관용 같은 '천상(天上)의 재료'로만
건립되는 '신비한 공간'이다.
따라서 멋진 신세계는
'진리와 양심과 상식이 존중받는 공간'에서만 가능하다.

낙타에게 고개 숙이다

낙타,
사막의 교통수단이다.
말과 달리 낙타는 품성이 온유하고 신체가 강건하기 때문이다.
낙타를 볼 때마다 깨닫게 되는 '네 가지 가르침'이 있다.

하나,
낙타는 16일간 물을 마시지 않고도 생존이 가능하지만,
낙타는 기회가 있을 때마다 '물'을 마신다.
자신의 작은 재주를 믿고 더 이상 '깊은 공부'를 하지 않는 인간,
그래서 '오만의 비대증'을 앓고 있는 인간에게
낙타는 '조용한 스승'이다.

둘,
낙타는 동료 낙타의 죽음을 보는 순간 그 자리에서 기절한다.
심할 때에는 죽기도 한다.
이런 이유로 낙타의 주인은
다른 낙타가 죽을 때 자기 낙타의 눈을 가린다.
타인의 불행을 보고도 아무 일 없는 듯 살아가는
'인간의 냉혹함'에 놀란다.
타인의 아픔에 공감할 줄 모르는 인간은 낙타를 찾아가
고개 숙여야 한다.

셋,
낙타는 '후각'이 예민하여 10km 밖에 있는
다른 낙타의 냄새를 맡는다.
그리고 낙타 특유의 방식으로
멀리 있는 낙타 친구와 인사를 나눈다.
오랜 친구라도 자신과 조금만 의견 차이가 있으면
'대적자'로 취급하고
자신의 이익에 도움이 되지 못하면 '외면'하는 인간을 보며
낙타는 비웃는다.

넷,
낙타는 한 번 물을 마신 후 350kg의 짐을 지고
400km를 걸어간 후 잠시 쉬고 다시 240km를 걷는다.
단지 주인이 원해서이다.
사람마다 "나는 최선을 다했다"라는 기준이 너무 다르다.
어떤 사람은 지칠 만큼 섬긴 후에야
"최선을 다했다"라고 말하지만,
그 누구는 대충, 적당히 하고도 "최선을 다했다"라고 말한다.
낙타는 '최선의 기준'을 인간에게 제시해 주는
'현명한 동물'이다.

니체는 「짜라투스트라는 이렇게 말했다」에서
낙타를 '주인에게 맹종하는 지성 없는 동물'로 폄하했지만
분명한 것은 낙타는 위험한 땅 사막과 치열하게 다투고
결국 승리하는 '지상의 유일한 동물'이라는 진실이다.

제6부
'아드 렘'의 철학

'아드 렘'의 철학

"감정이
그대의 언어가 되면
사람들과 대화할 때 다투게 된다.

감정이
그대의 표정이 되면
사람들이 그대의 눈치를 보게 된다.

감정이
그대의 태도가 되면
사람들이 그대와 식사하기를 기피한다."

대학 2년 때 나의 푸른 노트에
음각으로 깊게 새겼던 문장들이다.
그리고 이 문장들 옆에 굵은 활자로 표기해 둔
또 하나의 낱말이 있었다.

아드 렘(ad rem).

라틴어 '아드 렘'은
문제의 핵심을 '바로' 파악하는 실력을 말한다.

곧 고난과 실패 앞에서 놀라거나 서두르지 않고,
적절히, 알맞게, 품격에 어울리게 대처하는 태도이다.

아드 렘,
모든 것을 적절히 다스리고 조절하는 깊은 힘이다.
모든 사람을 감정이 아닌 품성으로 대하는 삶이다.

작가 셰익스피어의 희곡「리어 왕」,
퇴위를 결심한 후
자신의 권력과 영지를 세 딸에게 물려주되,
아버지에 대한 '사랑고백'에 따라 주겠다는 리어 왕,
첫째 딸 고너릴과 둘째 딸 리건의 '꿀 같은 고백'에 취해
착한 셋째 딸 코딜리아의 '참 고백'을 무시하고 추방한 리어 왕,
결국 두 딸에게 버림받은 충격으로 미쳐 버린 리어 왕,

아버지 다이달로스의 경고를 무시하고
하늘까지 치솟는 비상을 하다가
밀랍의 날개가 녹아 바다에 추락한 이카로스,

포도주에 취해
하체가 벗겨진 채 장막에 누워 자는 노아,

이 모습을 본 둘째 아들 '함'이
그 모습을 셈과 야벳에게 알리자,
자신의 치부를 드러냈다고 여겨 '함'을 저주한 노아,

아버지인 태양신 헬리오스의 뜻을 무시하고
네 마리의 천마가 이끄는 태양 마차를
제멋대로 운행하여 온 우주를 태워 버리다가
하늘에서 내린 벼락에 맞아 죽은 파에돈,

자신의 두 딸만큼은 귀족에게 시집을 보내어
평민의 굴레를 벗게 해주기 위해
자신의 모든 재산을 다 투자하고,
결국 임종 때에 두 딸에게 버림받은
발자크의 소설 「고리오 영감」 속의 고리오,

국왕 던컨의 충신이었던 장군 맥베스,
승리 이후 개선길에서 들은 세 마녀의 예언,
그 예언에 도취되어 자신의 아내와 함께
국왕을 살해하고 즉위한 후
불안에 떨며 불면증에 빠지는 맥베스,

이들 모두,
야망과 탐욕의 질주를 적절히 통제할
'아드 렘'의 철학을 학습하지 못한 비극의 희생자들이다.

그렇다.
같은 어른이라도 스승 같은 어른이 있다.
높은 수준의 '아드 렘'을 배웠기 때문이다.
같은 어른이라도 '부모 같은 어른'이 있다.
심오한 '아드 렘'을 살았기 때문이다.

아드 렘(ad rem),
이 다섯 개의 활자,
앞으로도 나의 오래된 벗으로 남길.

습관과 악마

행복은 '고양이'와 같아서
가만히 두어도 큰 문제가 발생하지 않는다.
그러나 불행은 '악어'와 같아서 잘못 다루면 물려 죽을 수 있다.
따라서 '불행을 잘 다스리는 것'이 '총명'이며 '현명'이다.

물론 누구나 '불행'을 다루는 데는 서툴다.
불행이 행복보다 늘 '힘'이 세기 때문이다.
사람들이 행복보다 불행에 더 익숙한 이유가 이 때문이다.
그럼에도 자신에게 닥친 '열 가지 불행' 속에서도
자신이 붙들고 있는 '한 가지 행복'에 더 주목하는 사람은
참 아름답다.
곧 '진흙탕' 속에서도 '하늘의 별을 바라보는 자'가
진정 '강자'인 것이다.

행복을 누리는 것도 '습관'이다.
행복의 감정을 갖는 것도 '연습'이 필요하다.
따라서 '좋은 습관'을 먼저 장착하는 것은 참 귀한 일이다.

영어 '악마(demon)'의 어원은
그리스어 '습관(daimon)'에서 유래했다.
악마와 습관은 사실 전혀 개연성이 없어 보인다.

그러나 조금만 생각해 보면
이 둘이 분명 '일란성'임이 드러난다.

사람에게는 자신만의 '고유한 습관'이 있다.
그리고 그 '습관'이 굳어지면
그 습관은 '그 사람의 태도'가 된다.
곧 쉽게 화내는 습관을 지니면
얼마 후 그 사람은 '분노조절에 실패한 태도'를 갖게 된다.
습관적으로 비판을 일삼는 사람은
예외 없이 타인을 모함, 이간질하는 태도를 지니게 된다.
거짓말이 습관인 사람은
머지않아 모든 사람을 기만하는 위선적 태도를 즐긴다.

그렇다.
처음에는 사람이 습관을 만들지만
이후에 습관이 사람을 만든다.
곧 습관이 태도가 되면
사람은 그 태도에 묶여 살게 되는 것이다.

그런데 사람의 습관이란 '좋은 쪽'보다는 '나쁜 쪽'으로 퇴화한다.
이런 까닭에 '잘못된 습관'은 '악마의 행위'를 닮는다.

따라서 '습관(daimon)'은 '악마(demon)'와 '같은 얼굴'이다.

타인을 축복하는 습관,
조금 더 참아 주는 습관,
며칠 더 기다려 주는 습관,
약속을 꼭 지키는 습관,
타인에게 무례하지 않는 습관,

이런 습관들은 이 대지를
천국으로 건축하는 '우량(優良)의 재료들'이다.

꺾지 마라, 아프다

작가 오르한 파묵의 「내 이름은 빨강」,
이 소설은 1591년 이스탄불에서
한 화가가 살해당하는 것으로 시작된다.
곧이어 화가들의 스승인 '에니시테'가 살해당한다.
당시 이스탄불에 무슨 일이 있었던 것일까?

16세기 오스만 제국의 화풍은 '세밀화'였다.
신(神)의 시선에서 바라본 세계만 그리던 '이슬람의 세밀화'는
원근법과 '키아로스쿠로(명암법)'를 철저히 배제했다.
사물을 '인간의 시각'으로 보니 원근과 명암이 존재하는 것이지
전능한 '신의 시각(視覺)'으로 보면
모든 사물이 오로지 '평면'일 수밖에 없다는 논리 때문이었다.

그럼에도 황제는 '에니시테'에게 르네상스 시대의 원근법과
명암이 있는 '인간의 그림'을 그리도록 비밀리에 지시한다.
그러나 이 사실이 세밀화를 추종하던 무리에게 알려졌고,
그들은 300년간 지켜온 자신들의 전통을 고수하기 위해
자신들과 '다른 그림'을 그리는 일련의 화가들을 살해한 것이다.
이로써 '회화의 지평'을 넓히고자 했던
황제와 화가들의 꿈은 철저히 꺾여 버린다.

꺾는 행위,
나는 멀리한다.
집착과 독선에 대한 욕망이
물씬 묻어나는 '완력의 냄새' 때문이다.

타인의 자존심을 꺾는 행위,
스승과 부모님의 조언을 꺾는 행위,
어린아이의 소박한 꿈을 꺾는 행위,
살려고 버티는 약한 자의 몸부림을 꺾는 행위,
이런 '꺾는 행위'는 그 자체가 '폭력'이다.

그렇다.
꺾으면 상처가 생긴다.
꺾으면 비명소리가 들린다.
따라서 꺾으면 결국 모두가 죽게 된다.

그대여,
자신과 다르다는 이유로 무조건 꺾으려 하지 말라.
그저 조금 더 시간을 내어 가만히 지켜보라.
때로 그것이 '모두를 살게 하는 힘'이 될 때가 있다.
잠시 나의 푸른 노트를 꺼내 이런 글을 남겨 본다.

"꽃을 좋아하는 사람은
그 꽃을 꺾어
자기 거실의 화병에 꽂아 놓는다.

그러나
꽃을 사랑하는 사람은
그 꽃을 꺾지 않고
있는 그대로 오래 바라본다."

나누어 준 빵은 '본래 맛'이 아니다

젊은 시절 도스토옙스키,
그는 급진적 정치 모임인 '페트라솁스키'에 참여했다.
당시 차르 니콜라이 1세는 정치 모임들을 감시하였는데,
도스토옙스키는 '왕정을 신봉하는 고골'을 비난하는 내용을 담은
벨린스키의 〈고골에게 보내는 편지〉를 낭독한 것이 원인이 되어
1849년 4월 23일 당국에 체포된다.

사형을 언도받은 도스토옙스키는
살아서는 다시 돌아올 수 없다는
시베리아 형무소로 가기 위해 열차에 실린다.
열차가 작은 간이역에 도착했을 때
사형수들을 위해 '커피를 대접하는 시간'이 잠깐 주어진다.

모든 죄수들이 건네주는 커피를 마실 때
어느 장교부인이 도스토옙스키에게
커피를 건네면서 주머니에 있던 신약성경을 준다.
도스토옙스키는 시베리아에 도착하기까지 신약성경을 읽는다.
그리고 마침내 크게 회심한다.

이후 도스토옙스키는 삶에 대한 희망을 갖는다.
그때 들려온 황제의 사면 소식,

물론 애초부터 황제는 사형수를 처형할 생각이 없었다.
죽음을 앞둔 사형수에게 극적인 사면령을 내려
황제의 은덕에 감사하게 하고
나아가 국가 반역을 포기하게 하는 정치적 효과를 노린 것이다.

그럼에도 훗날,
도스토옙스키는 간이역에서
장교부인이 건네준 '커피의 맛'을 잊지 못한다.
지상에서 '가장 맛있는 음료'였다고 술회한다.
불안한 마음으로 마신 그 추운 날 쓰디쓴 커피,
무엇이 그토록 맛있었을까?

나는 '소금빵'을 좋아한다.
그런데 나를 위해 준비한 '소금빵'을
곁에 있는 '굶주린 사람'에게 나누어 준다면
그 소금빵을 먹는 사람은 지금 '소금빵 맛'만 느낄까?
아닐 것이다.
본래의 맛은 '소금빵 맛'이지만,
그가 느끼는 '빵의 맛'은 '고마운 맛, 감사한 맛'일 것이다.
도스토옙스키가 '쓰디쓴 커피'에서
지상에서 '가장 달콤한 커피의 맛'을 느낀 것처럼.

"남에게 나누어 준 빵은
본래의 맛이 아니다."

그렇다.
나누어 준 빵은 절대로 '본래의 맛'이 아니다.
그 본래의 맛을 훨씬 뛰어넘는 '향기로운 맛'이다.
오늘 러시아 철학자 베르쟈예프의 글귀가 유독 가슴에 닿는다.

"자신을 위해
준비한 빵은 물질이지만
남을 위해 준비한 빵은 정신이다."

셈페르 에어뎀

삶,
결코 만만하지 않다.
곧 '쉬운 삶'은 없다.
도처에 '위험과 위기'가 포진되어 있다.
특히 악인들은 타인의 약점, 단점을 유심히 살핀 후
필요할 때마다 그 수집한 정보를 무기 삼아 공격한다.

"선한 사람은
자신의 장점을 무기로 삼지만,
악한 사람은
타인의 약점을 무기로 삼는다."

따라서 현명한 자는
악한 자가 자신에게 공격할 기회를 주지 않기 위해
매순간 '자신에게 엄격한 삶의 태도'를 지닌다.
그래서 자신의 삶을 정리, 정돈하는 방편으로
늘 자신에게 '질문하는 삶'을 산다.

나의 감정이 태도가 되지는 않았는가?
나는 약한 사람에게 무례하지는 않았는가?
나는 강한 사람에게 비굴하지는 않았는가?

나는 눈가림으로 사람을 기만하지는 않았는가?
내 감정이 상했다는 이유로 타인을 불편하게 하지는 않았는가?
작은 승리에 도취하여 오만하지는 않았는가?
나에게 도움을 구하는 사람에게 끝까지 정중했는가?
작가 생텍쥐페리는 말한다.

"현명한 자란
정답을 많이 알고 있는 자가 아니라
질문을 많이 가지고 있는 자이다."

사실,
질문을 많이 가지고 있다는 것은
이미 스스로 '사유의 근육'과 '성찰의 혈관'을
갖추고 있다는 반가운 증거일 것이다.

가장 위험한 것,
그것은 '생각 없이' 사는 사람,
곧 '삶이 얄팍한 사람의 손'에 권력과 금력이 주어지는 것이며,
그런 그들이 세상의 '중요한 결정을 하는 자리'에 앉는 것이다.

하찮은 것에 쉽게 열광하는 이 시대,

그런 부조리한 현실을 볼 때마다
쓰디쓴 독초를 마신 듯 가슴이 아려온다.
그럼에도 '내가 선택한 삶의 방식'을 존중하며
묵묵히 걸어가려 한다.

셈페르 에어뎀,
평생 가슴에 새겨 둔 낱말이다.
라틴어로 "항상 같다"라는 의미이다.

그렇다.
때로 내가 선택한 삶의 방식이
세상에게 미움을 받게 되더라도,
그럼에도 그 길이 하늘의 뜻과 부합한다면
항상 같은 마음과 태도로 살려 한다.

'어제의 나'와 '최후의 나'

1945년 2월 16일,
일본 후쿠오카 형무소에 복역 중이던
28세의 청년 윤동주가 세상을 떠났다.
일제로부터의 해방을 6개월 앞두고
시인 윤동주는 쓸쓸하게 우리 곁을 떠났다.

2024년 2월 16일은 시인 윤동주의 79주기였다.
윤동주의 시 〈쉽게 씌어진 시〉를 다시 편다.
많은 분들은 이 시의 특정 부분,
곧 "인생은 살기 어렵다는데 시가 이렇게 쉽게 씌어지는 것은
부끄러운 일이다"라는 시어를 좋아하고 기억한다.
그럼에도 나의 시선이 오래 머무는 곳은 '마지막 연'이다.

"등불을 밝혀 어둠을 조금 내몰고,
시대처럼 올 아침을 기다리는 최후의 나,

나는 나에게 작은 손을 내밀어
눈물과 위안으로 잡는 최초의 악수."

일본 유학 중이던 윤동주는
일제의 강압에 힘없이 무너진 조국의 현실을 아파한다.

아무것도 할 수 없는 자신을 보며 더욱 절망한다.
그러나 청년 윤동주를 더욱 고통스럽게 한 것은
조국 지식인들의 '변절'이었다.
새로운 문명 강국 일본의 통치를 받아들이고
그 일본과 협력하는 것이 조국의 근대화를 속히 이루는 길이며,
더 나아가 '더 나쁜 나라'로부터 조국을 지키는 길이라는
지식인들의 교언이 점차 대중들에게 설득력을 얻게 된 것이다.
물론 윤동주의 생각은 달랐다.

그럼에도 희망 없는 조국의 현실에 윤동주도 흔들린다.
자신도 변절한 지식인이 되어 무난한 삶을 살까?
아니면 못난 조국이지만
그 조국을 위해 끝까지 문학으로 일본에 저항할까?

청년 윤동주,
이 둘 사이에서 갈등한다. 그리고 마침내 결정한다.
조국의 현실이 아무리 암담해도
"시대처럼 올 아침"을 여전히 기다리는 "나"가 되겠다고.
곧 흔들렸던 "어제의 나"를 떨쳐 버리고
오늘부터는 희망과 열망을 붙잡는 "새로운 나"가 되기로 말이다.
그때의 청년 윤동주의 심정을 담은 시가 〈쉽게 씌어진 시〉이다.

이 시의 마지막 연에 "최후의 나"가 출현한다.
여러 가지 이유로 흔들렸던 "어제의 나"를 벗고
'새로운 나'인 "최후의 나"가 비로소 탄생한 것이다.
그런 자신이 대견스러웠던 청년 윤동주는
잠시 흔들렸던 "어제의 나"에게
"작은 손"을 내밀어 "눈물과 위안의 악수"를 청한다.
이는 "어제의 나"와 "최후의 나"의 '화해 사건'이다.

윤동주,
비겁했던 "어제의 나"를 비판하지 않는다.
애써 기억에서 지워 버리려는 시도도 하지 않는다.
오히려 부끄러워서 떠는 "어제의 나"를
살포시 안아 주며 '정다운 악수'를 청한다.
이것이 "최후의 나"의 힘이다.

최후의 나,
그것은 내가 '최종'으로 선택한 '나'이다.
따라서 앞으로 나에게 있어 '다른 나'는 없다.

최후의 나,
그것은 마지막 임종 때까지 내가 붙잡고 살 '내 모습'이다.

따라서 "최후의 나"는 '마지막 영정사진에 실릴 나'이다.

최후의 나,
그것은 그냥 탄생하지 않는다.
현실에 안주하려는 "어제의 나"와 치열하게 다툰 후 태어난다.

나,
지금도 "어제의 나"에 붙들려 산다.
그럼에도 "최후의 나"의 탄생을 기다린다.
그 장소가 차디찬 후쿠오카 형무소라 할지라도.

'쾌락'과 '기쁨'은 다르다

쇼팽과 리스트,
이미 빈 음악계에서 천재로 유명했던 리스트,
리스트의 연주회를 관람하는 것은
당시 귀족들이 지참해야 할 '빈 스타일의 교양'이었다.
그러나 쇼팽은 불운했다.
쇼팽은 리스트가 존경했던 베토벤을 멀리했다.
베토벤의 음악이 지나치게 거칠다고 여겼기 때문이다.
또한 화려한 음계를 선호하던 빈 음악계에서
지나치게 우울한 '단조의 쇼팽 음악'은 외면을 받았다.

얼마 후 그날도 어김없이 리스트의 연주회가 열린다.
연주회에 앞서 리스트는 관객에게 한 가지 제안을 한다.
곧 오늘 연주회는 불을 끄고 어두운 상태에서 하겠다는 것이다.
그리고 연주회가 시작된다.
어둠 속에서 흘러나오는 천상의 음악을 듣던
빈 관객들은 리스트의 연주에 찬사를 보낸다.

얼마나 흘렀을까?
연주가 끝나고 불이 켜진다.
순간 빈 관객은 경악을 한다.
피아노 앞에 앉은 사람이

리스트가 아닌 쇼팽이었기 때문이다.
비로소 빈 관객은 쇼팽에게 기립박수를 보낸다.
이후 쇼팽은 빈 음악계에서 가장 사랑받는 연주가로 등극한다.

그날 연주회에 리스트가
은밀하게 쇼팽을 연주자로 세운 이유는 무엇일까?
우연히 쇼팽의 집을 방문했던 리스트는
서재에 놓인 쇼팽의 악보를 읽게 되고 그 천재성에 감탄한다.

쇼팽의 음악에 전율을 느낀 리스트는
이런 천재를 세상에 알리는 것이 자신의 책무라고 느낀다.
마치 '무명의 브람스'를 세상에 소개한 '슈만'처럼 말이다.
그래서 빈 관객이 쇼팽에 대한 어떤 편견도 없이
순수하게 그의 음악만으로 평가를 하도록 하기 위해
쇼팽을 어둠의 연주회에 세운 것이다.
리스트의 '깊고 큰 마음'이 빛을 발하는 순간이다.

젊은 날의 리스트,
화려한 외모와 연주로 빈 여성들의 우상이 된다.
빈 귀족 여성들과의 불미스러운 스캔들은 리스트의 일상이었다.
곧 젊은 날의 리스트는 '쾌락의 사람'이었다.

그러나 신을 알아가던 리스트,
이제는 쇼팽과 같은 음악가를 존중할 줄 아는
겸허한 거장으로 거듭난다.
타인을 배려할 때 느끼는 감사를 배워나간다.
쾌락이 아닌 기쁨의 삶을 비로소 발견한 것이다.

쇼팽이 화려하게 등장하던 그날,
무대 뒤편에 서 있던 리스트는 무명의 껍질을 벗고
눈부시게 비상하는 쇼팽을 바라보며 따스한 미소를 지었다.

그 미소의 의미,
그것은 세상에서 가장 가치 있는 일이
사람을 살리는 순수한 배려인 것을 발견한
현자로서의 미소가 아닐까?

쾌락과 기쁨은 다르다.
'존경받는 것'과 '인기 있는 것'이
서로 매우 다르듯 말이다.
쾌락은 '소모성 감정'이다.
주로 육체의 향락과 궤를 같이 한다.
그러나 기쁨은 '창조적 감정'이다.

타인을 향한 섬세한 배려와 섬김 같은
영적 가치를 실행할 때 생성되는 '내면의 즐거움'이다.

오늘날,
무한정한 쾌락을 누리기 위해
밀실을 찾아가는 '굴혈인간들'을 자주 목격한다.
육신과 정신의 몰락을 비싼 대가로 치르면서 말이다.

그들은 알까?
어제 산 '고운 새 옷'을 입었음에도
폐지를 싣고 언덕을 힘겹게 오르시는 어르신을 위해
기꺼이 뒤에서 밀어드리는
선한 여성의 표정이 얼마나 아름다운지를.

아침이 되면
서재에서 꺼낸 시집의 '고운 시어'를 읽으며
좀 더 선한 세상을 창조하는 일에
자신이 '일부'라도 되겠다고 다짐하는
필부의 결심이 얼마나 성스러운지를 말이다.

'하루살이'와 '겨우살이'

하루살이,
곧 천적(天敵)인 잠자리의 습격 없이도
오직 '하루'만에 소멸되는 곤충들은
하루가 '일생(一生)'인 '하루살이'를 산다.
참 슬프고 비극적인 삶이다.
그러나 하루살이 곤충보다 더 비극을 사는 존재가 있다.
그것은 '겨우살이'이다.
곧, 죽지 못해, 마지못해, 할 수 없이
그저 하루하루를 겨우겨우 살아가는 '겨우살이'이다.

피렌체의 시인 단테,
정적들과의 권력투쟁에서 패해 죽음의 위기를 맞는다.
정적들은 단테에게 두 가지 중 하나를 선택하라고 종용한다.

단두대에서 죽을 것인가?
영원히 피렌체를 떠날 것인가?

단테는 후자를 선택하여 피렌체에서 추방된다.
이제 돌아가면 죽는다.
젊은 날에 모든 것을 상실한 단테,
그럼에도 단테는 자신의 삶만큼은 추방하지 않는다.

피렌체에서 추방된 지 '2년 후'인 1304년,
단테는 펜을 들고 「신곡」을 집필한다.

단테는 「신곡」을 통해
인간의 악을 결코 묵과하지 않으시는
신의 공의를 서술함으로써
지상에서의 승자가 사후의 패자가 될 수 있음을 경고한다.

"어떤 의미에서 보면
지옥은 지상보다 훨씬 공정한 곳이다.
지상에서 실현되지 않는 악에 대한 심판이
지옥에서는 반드시 실현되기 때문이다."

만약,
단테가 피렌체에서의 추방에 분노, 체념하여
자신의 삶을 '겨우살이'로 채워갔다면
괴테로부터 "사람이 창조한 것 가운데 가장 뛰어난 것"이라는
평가를 받은 「신곡」은 우리 곁에 없었을 것이다.

사마천,
흉노의 포위 속에서 불가피하게 투항했던

이릉(李陵) 장군을 변호하다가 황제인 무제의 노여움을 사서
BC 99년(나이 48세)에 치욕스러운 궁형(宮刑)을 받는다.
그럼에도 자신의 치욕을 삶을 포기하는 이유로 삼지 않고
기원전 91년 「사기」라는 역사서를 집필한다.
「사기」는 본기(本紀) 12권, 열전(列傳) 70권을 포함해
총 130권, 52만 6천 5백자에 이른다.

단테,
사마천,

이 둘 모두 '겨우살이의 삶'을 이긴 사람들이다.
그렇다.
실패, 패배가 반복되는 삶 속에서도
삶에 대한 생동과 긍정을 놓지 않는 것,
그것은 자신의 삶을 지켜주는 '갑옷'이다.

그런 까닭에 삶의 마디마디에
불평, 불만을 채우며 근근이 사는 '겨우살이'는
삶에 대한 '가장 무례한 태도'이다.
오늘 나의 푸른 노트에 이 글을 꼭꼭 눌러 쓴다.

"실망과 포기,
그것은
가장 늦게 해도 무방한 태도이다."

불행해서 사악해진 것이다?

작가 메리 셸리의 소설 「프랑켄슈타인」,
자신을 창조한 프랑켄슈타인 박사에게 버림받은 피조물이
그 분노로 인해 괴물이 되어 박사의 가족을 살해한다.
그리고 괴물이 되어 버린 그가 하는 말,

"나는
불행하기 때문에
사악해진 것이다."

인간은 자신이 '불행해진 이유'를 늘 '바깥'에서 찾는다.
그래야 '자신의 불행을 비난하는 자'를 향해
자기변호를 할 수 있기 때문이다.

정말 불행해져서 사악해진 것일까?
그 불행과 맞서 싸울 의지가 없어서
사악함의 지배를 스스로 용인한 것은 아닐까?

우울감, 패배감,
분노와 다툼, 질투와 시기,

이런 것들은 '눈에 보이지 않는 벽돌'로 만든 '지옥'이다.

이 지옥에 수감되면 삶은 '물에 젖은 한지'와 같이 초라해진다.
사람에 대한 태도는 무례해지며,
동공은 적대감으로 인해 충혈된다.
이런 지옥문에서 탈옥하려면 누구에게 도움을 청해야 할까?

아니다.
지옥의 문은 '바깥'이 아닌 '안'에서 잠겨 있다.
곧 누가 그대를 지옥에 감금하고
밖에서 문을 걸어 잠근 것이 아니라
자신이 지옥에 들어가 스스로 문을 잠갔다는 말이다.
따라서 지옥에서 나오려면
자신이 잠근 그 문을 '안'에서 열고 스스로 나와야 한다.
타인의 도움은 결정적 도움이 되지 못한다.
사색가 '치어풀'은 말한다.

"날개는
남이 달아 주는 것이 아니라
자기 몸을 뚫고 스스로 나오는 것이다."

'먼저 배워야 할 것들'의 목록

실력보다는 품성을 먼저 길러라.
품성 없는 실력은 한낱 '잔재주'로 그친다.

비판보다는 이해하는 태도를 먼저 배워라.
비판만으로는 사람을 변화시키지 못한다.
그리고 비판만 하면 사람을 다 잃어버린다.

낯선 사람을 만났을 때 자신과 '다른 점'보다는
자신과 '같은 점'을 먼저 찾아보라.
다른 점에만 주목하면 모든 자가 '그대의 적'이 된다.

싫어하는 표정보다 좋아하는 표정을 먼저 훈련하라.
싫어하는 표정이 유난히 도드라지게 나타나면
곁에 있는 사람은 '불안'을 느껴 그대 곁을 떠난다.

아주 편안한 여건보다
약간은 '불편한 여건'을 먼저 선택하라.
편한 것에만 익숙해지면 정신과 육신의 근력이 사라진다.

이기는 법보다 '비기는 법'을 먼저 익혀라.
그래야 이겼을 때에 오만해지지 않고

진짜로 졌을 때에도 무너지지 않는다.

기억력보다는 '판단력'을 먼저 구하라.
현명한 자란 기억력이 뛰어난 자가 아닌
분별력이 탁월한 자이다.

인기보다는 존경을 먼저 소망하라.
인기는 돈과 권력으로 구걸할 수 있지만
존경은 신뢰할 수 있는 인격에게만 주어지기 때문이다.

거짓을 통한 승리보다
정직한 패배를 선호하라.
가짜 승리만큼
자신을 기만하고 초라하게 만드는 것은 없다.

권력자 vs 실력자

문학 속에 '두 개의 백화점'이 있다.
하나는 에밀 졸라의 소설 「여인들의 행복백화점」 속의
'행복백화점'이다.
1852년 사업가 '아리스티드 부시코'가 프랑스 파리에 개장한
세계 최초의 현대적 백화점인 '봉마르셰 백화점'이 그 모델이다.
근대화 이후 부(富)를 갖게 된 시민들은
백화점에 전시된 귀중품들,
곧 과거 귀족들의 전유물이었던 귀금속, 향수, 깃털 모자를
과도할 정도로 구매함으로써 자신들의 경제력을 과시했다.
백화점에서 자신들이 원하는 상품을 구매하며 행복해하는
시민들의 표정을 목격한 작가 에밀 졸라는 이렇게 탄식했다.

"이 시대의 신전은
성당이 아니고 백화점이다.
백화점이 성당보다
사람들을 더 행복하게 해주니까."

다른 하나는 존 버니언의 「천로역정」 속 '허영의 시장'이다.
순례를 떠났던 '기독교도'와 '성실'은
'허영'이란 이름의 도시에 도착한다.
이 도시에는 일 년 내내 영업을 하는 '허영의 시장'이 있었다.

허영의 시장에서는 토지, 명예, 왕국, 권력, 쾌락, 보석, 노예 등
사람들의 허영을 채워 주는 모든 물품이 판매된다.
하지만 '진리'만은 구매할 수 없다.
이런 사실을 몰랐던 두 순례자는 '진리'를 구매하려다가
고발당하여 수감되기도 한다.

문득 '두 개의 백화점'에서
가장 많이 팔렸던 '인기상품'이 무엇인지 궁금해진다.
뜻밖에도 '행복백화점'에서는 모자(여성)와 지팡이(남성)였고
'허영의 시장'에서는 권력과 명예였다.
당시 모자는 귀족 여인들만, 지팡이는 귀족 남성들만
지참할 수 있었던 '권력자들의 물건'이었다.
두 백화점의 인기상품이 '힘'과 밀접히 연관된 물품이라는
사실에 순간 놀란다.

사람들은 '힘'을 갖기를 원한다.
그 '힘'이 전쟁터 같은 삶에서
자신을 지켜주는 '철갑옷'이라고 확신하기 때문이다.
따라서 '힘'은 이 시대에 신(神)과 같은 예우를 받는다.

정말 '힘'은 나를 지켜주는 '전능한 보호 장치'일까?

힘,
'힘'을 표기하는 단어 '파워(power)'는
라틴어 '포텐티아(potentia)'에서 유래되었는데
그 원의는 '죽은 것을 다시 살리는 실력'을 의미했다.
곧 '참다운 힘'이란 타인보다 우월한 위치에 군림하는
'난폭한 힘'이 아니라 넘어진 자와 쓰러진 자를
다시 일으켜 세워 주는 '살리는 힘'을 의미한다.

불우했던 화가 빈센트 반 고흐는
생전에 단 한 점의 그림만 팔았다.
그것도 세상의 관심을 받지 못한 화가 고흐를 사랑하던
동생 테오가 다른 사람의 이름으로 대리구매를 한 것이었다.
또한 테오는 자신이 결혼하여 아들을 낳자,
아들의 이름을 형과 같은 '빈센트'라고 지어 고흐를 기쁘게 했다.
고흐는 동생 테오의 깊은 마음에 감동하여 평생 고마워했다.
동생 테오는 화가 고흐에게 '따스한 봄바람' 같은,
그리고 온기를 담은 힘을 나누어 주던 '큰 힘'이었다.

세상에는 '힘이 있는 사람'과 '힘이 되어 주는 사람'이 있다.
'힘이 있는 사람'은 '권력자'라고 불리지만,
'힘이 되어 주는 사람'은 '실력자'라고 불린다.

동생 테오는 고흐를 살리는 힘을 가진 '실력자'였다.
작가 민봄네는 「그림에 스미다」에서 말한다.

"세상에는 자신을 보호해 줄 벽이
창호지보다 더 얇은 사람들이 많다."

권력자는 많고 실력자는 점차 사라져가는 이 시대를 보며
'언제쯤 약한 자들의 아픔을 공감하고 치유해 주는
실력자들의 출현이 가능할까?'라는 생각에
잠시 가벼운 우울을 앓는다.
그럼에도 사람들은 '나쁜 힘'을 좋아한다.
작가 올더스 헉슬리는 일침을 기억한다.

"그대가 좋아하는 것이
결국 그대를 파멸시킨다."

'준수한 사람'을 기다리며

나의 가슴을
설레게 하는 낱말이 있다.

준수(俊秀).

그렇다.
나는 삶의 태도가 '준수한 사람'을 좋아한다.
곧 실력과 외모뿐만 아니라
말과 표정과 몸짓이 정갈하게 정돈된 사람,
그래서 곁에 있는 사람에게 정서적 안정을 주고
흐뭇한 미소를 짓게 하는 '준수한 사람'이 참 좋다.

그런데,
한자어 '준수'라는 낱말의 기원이 독특하다.
고대 중국 명나라가 실시하는 과거시험에서
가장 탁월한 인재들이 지원하는
최고 수준의 시험이 '준수과(俊秀科)'였다.
준수과에 합격하면 황제의 최측근으로 발탁되어
국가의 요직인 '외교와 재정'을 담당했다.
이후 당나라에 오면서
준수과는 '수재과(秀才科)'로 바뀌게 된다.

그런데,
특이한 점은 준수과의 선발기준이
학문의 탁월함은 물론 정직, 긍휼, 효심, 예의와 같은
도덕과 품성을 매우 중요시했다는 것이다.

그랬다.
준수한 사람은 본래 '외모가 뛰어난 사람'을
가리키는 것이 아닌 '학문과 인격'이 온전히 결합된 사람,
곧 '내면이 아름다운 사람'을 지칭하는 표현이었다.
따라서 고대 중국에서

준수,
수재,

이 두 호칭은 학문과 품성에 있어
가장 완벽하고 이상적인 존재를 의미했다.
러시아 문학에서 자주 발견되는 '유로디비'와 같은 존재,
곧 보기에는 어리석어 보이지만 '보이지 않는 내면'에
현명과 통찰력이라는 '거대한 금광'을 장착한 존재가
바로 '준수한 사람'이다.

따라서,
준수한 사람은 타인의 감정을 함부로 할퀴지 않는다.
준수한 사람은 자신의 상한 감정을 타인에게 들키지 않는다.
준수한 사람은 자신의 생각에 타인이 동의하도록 강요하지 않는다.
준수한 사람은 무엇보다도 자신이 타인에게
불편한 존재가 되지 않기 위해 기도한다.

그렇다.
자신의 지위보다 자신의 품성이
더 빛나는 사람이 '정신적 귀족'이다.

그럼에도 오늘날,
문학, 예술, 정치에서 몇 가지 잔재주를 무기로 삼아
자신을 과시하는 '값싼 광대들'이 자주 목격된다.
그들에게는 삶과 사람에 대한 치열한 고민과 묵상이
결여되어 있다.
한마디로 '경박단소(輕薄短小)'하다.
따라서 사람의 내면을 무겁게 두드리는 '거인의 노크소리'를
내지 못한다.
그럼에도 자신이 '가장 힘 있는 자'라고 생각한다.
문득 사색가 '찰스 케일럽 콜튼'의 글귀가 기억난다.

"세상의 모든 경이로운 것들 중에서
천사가 가장 놀라며 바라보는 것은
인간의 교만이다."

'엘도라도'는 어디에 있는가?

엘리시움, 유토피아,
아르카디아. 엘도라도,

이것들은 인류가 추구했던 '이상적인 나라들'이다.
고통과 전쟁과 죽음이 없고 풍요와 안식과 기쁨만 존재하는
천국의 공간이라고 믿었기 때문이다.
그럼에도 나는 '엘도라도'라는 활자를 읽을 때마다
엘도라도에게서 '천국의 자격'을 박탈해야 한다고 생각한다.
엘도라도가 지옥을 닮은 '추악한 공간'이라고 믿기 때문이다.

엘도라도는 콜롬비아의 인디언(칩차족) 추장을 지칭하는 말이다.
그들에게는 매우 독특한 의식이 있었다.
곧 새해 첫날이 되면 추장은 자신의 몸에 황금가루를 바른 후,
뗏목에 황금보물을 싣고 '호수의 신'을 찾아가
준비한 보물들을 호수에 던지고
그 호수 물로 자신의 몸에 바른 황금가루를 씻었다.

이 의식의 의미,
그것은 권력자인 추장부터
자신의 몸에 바른 황금을 물로 씻음으로
신 앞에서 자신의 탐욕과 욕망을

제거하는 삶을 살겠다는 '서약의식'이었다.

탐욕스러웠던 16세기의 스페인 정복자들은
추장들의 몸에서 씻겨 호수에 가라앉은 황금가루를 보고
이곳을 '엘도라도' 곧 '황금도시'라고 착각한다.
엘도라도는 스페인어로 '금가루를 바른 사람'이란 뜻이다.

이 소문이 퍼지자,
유럽의 정복자들이 칼과 총을 들고 엘도라도를 찾아온다.
그리고 황금의 출처를 알기 위해 주민들을 협박하고 고문한다.
평화로웠던 엘도라도는 한순간 '피의 땅'이 된다.
황금을 버리는 엘도라도가
이제 황금을 갈망하는 '탐욕'으로 변해 버린 것이다.

엘도라도,
이 낱말이 대중들에게 익숙해진 계기는 1979년에 결성된
독일출신의 그룹 '굼베이 댄스 밴드'의 앨범을 통해서이다.
음악의 영감이 고갈되어 고민하던 '굼베이 댄스 밴드'는
중남미 자메이카를 방문했고 그곳에서 '레게 음악'을 알게 된다.
오리걸음이 연상되는 레게 리듬은 그들에게 충격이며 감동이었다.
〈썬 오브 자메이카〉와 〈엘도라도〉는 그때 받은 감동의 산물이다.

특히 〈엘도라도〉라는 곡은
고운 선율 속에 아픈 가사를 담고 있다.
그 가사의 일부분을 발췌해 본다.

"그들은 오백년 전에 왔어요.
그들은 멕시코의 황금을 훔치고
사람들을 한 사람 한 사람씩 죽이면서
무력으로만 다루었어요.

엘도라도 황금의 꿈은
모두를 고통과 피의 바다에 빠지게 했어요.
오직 힘과 권력에만 굶주린 정복자들 때문에
에덴의 문은 앞으로도 굳게 닫혀 있을 거예요.
진정한 엘도라도는 다이아몬드와 황금으로 짓지 않고
평화와 모든 사람들을 사랑하는 마음으로 만들어졌으니까요."

가슴이 먹먹해진다.
그럼에도 여전히 많은 사람들이
자신의 욕망을 채워 줄 엘도라도를 찾아 떠난다.
손에 '거짓과 속임수'라는 무기를 들고 말이다.

황금가루는 자주 '사람의 시력'을 앗아간다.
그래서 황금가루가 눈에 들어가면
하나님, 도덕, 가족, 친구도 보이지 않는다.
오직 '자기뿐'이다.

이 노래가 귓가에 들릴 때마다
내 영혼에 묻어 있는 '탐욕의 황금가루'를
떨쳐 내기 위한 '손끝 떨리는 기도'를 드린다.
그럼에도 이 '황금가루'는 좀처럼 떨어지지 않는다.

돈키호테의 질문

미겔 데 세르반테스의 「돈키호테」,
대단한 독서가였던 돈키호테는 소유와 탐욕에 지배된
뒤틀리고 비뚤어진 이 세상을 도리와 상식이 발언하는
참된 세상으로 탈바꿈시키겠다는 꿈을 품고
중세 기사도의 신분으로 세상에 나간다.

돈키호테,
그가 세상을 바꾸려고 준비한 무기는
늙은 말 로시난테와 수종 산초,
그리고 세상을 좀 더 품위 있는 공간으로
만들겠다는 '소박한 꿈'뿐이었다.
화력(火力)과 전투력이 전혀 없는 '이상한 무기들'이다.

이런 돈키호테의 꿈,
종교사제와 농부와 술집 여인과 나그네들에게
거센 조롱을 받는다.
가까운 벗조차 그의 꿈을 '미친 녀석의 발광'이라고 모독한다.
그런 사람들에게 돈키호테가 던진 질문,

"꿈을 꾸는 자와 꿈을 꾸지 않는 자,
이 두 사람 중 도대체 누가 미친 자요?"

순간, 모두가 침묵한다.
세상은 돈키호테를 '몽상가'라고 조롱했다.
돈키호테의 꿈을 기득권자들인 자신들을 위협하는
'불순한 망상'으로 간주했기 때문이다.

그렇다.
세상은 사람들에게 돈키호테의 꿈이
너무 과격하고 위험하다고 속삭인다.
따라서 그런 꿈은 '미친 자'들만 꾸는 것이니
조심하라고 충고, 설득, 위협을 한다.
정말 그럴까?

노예매매에 묻어 있는 탐욕의 악취를 감지하고,
노예매매를 통해 막대한 부를 취득하던
권력자들의 암살 위협에 굴하지 않고,
노예매매금지법안을 국회에 발의하여
결국 통과시켰던 윌리엄 윌버포스,
그의 꿈은 단 하나,
모든 사람이 신 앞에서 평등하게 사는 것이었다.
이 꿈이 과격한 것일까?
이 꿈이 조롱을 받을 '망상'인가?

사람은 20세가 되면 '유령'처럼 살아간다고 한다.
왜? 더 이상 '꿈'을 꾸기를 포기했기 때문이다.
유령은 '꿈'을 꾸지 못한다. 꿈은 '사람만의 몫'이다.
따라서 '꿈을 꾸지 않는 자'가 '유령'이다.
돈키호테식으로 표현한다면
꿈을 꾸지 않는 자가 "미친 자"이다.

그대여,
머리가 굳은 사람보다
가슴이 굳은 사람이 더 슬프다.
감동과 감탄, 설렘을 잃어버렸기 때문이다.

그렇다.
가슴에 설렘을 주는 꿈이
주머니 속의 '하찮은 소유'보다 훨씬 낫다.

오늘 문득,
내 가슴이 꿈을 파종할 수 없을 만큼
새까맣게 굳어진 화석은 아닌지 고요히 질문해 본다.

독자의 에필로그

사막의 모래바람 속에서 몸도 가누기 어려운 모습으로
버텨내는 모습이 흡사 왈츠 춤을 추는 모습일까요?
슬며시 키다리 아저씨 김겸섭 목사님께서
왈츠를 춘다면 어떤 모습일까 상상해 봅니다.
시인 박목월은 나이 육십에 겨우 꽃을 꽃으로 볼 수 있는
눈이 열렸다고, 그가 개안을 하고 나니
너무나 세상은 아름답고 충만하고 풍부해서,
신이 지은 있는 그대로의 모습을 볼 수 있는
지복(志福)의 눈이 열렸다고 노래했지요.

제가 인문작가인 김겸섭 목사님의 책을 만나고
비로소 개안을 경험했습니다.
함축적인 언어를 자유자재로 사용하는 현자를 만난 것이지요.
그는 자기검열에 엄격한 작가입니다.
정갈한 문장이 경이롭습니다.
문장에 빼도 괜찮을 단어나 수식어 하나 보이지 않습니다.
현시대를 정확히 읽어내고서 고대의 현자들을 불러내고
고전과 영화, 문학과 노래를 소환하여
왜곡된 우리의 생각과 태도를 바로 세워 줍니다.

설교자들은 글을 쓸 때 덧붙여서 완성시키려 합니다.
하지만 저자는 덜어내기를 통해 문장을 완성합니다.
인용하는 문장을 읽다가 원전을 보고 싶게 만듭니다.

그가 사용한 단어들을 함께 사용하고 싶어집니다.
신학과 교리적 용어보다 인문학적인 용어와 문장으로 영성을
찾아가는 작가의 글을 통해 영혼의 샤워를 경험하게 됩니다.

저자는 우리 기쁨의집 독서캠프의 이야기 손님입니다.
독서캠프에서는 이야기 회복을 중요한 가치로 삼습니다.
결코 가볍지 않지만 오래 기억했으면 하는 이야기들이
대를 이어 전수되길 바라는 뜻에서 이어오는 정신입니다.
이 모임에서 들려주신 고전 스토리들은 참가자들의 가슴에
차곡차곡 저장되어 있습니다.
저자가 자주 인용하는 고전 스토리들은
바로 지금, 사유와 성찰을 통해 새로운 에너지가 됩니다.

저자는 오늘날 현대인들이 무엇을 잊었는지 정확히 진단합니다.
넘치고 모자라서 자기답게 살지 못하는 모습을 깨우쳐 줍니다.
그래서 사막 같은 현실 속에서 별처럼 빛나는 존재로,
신의 형상을 닮은 착한 눈매를 지닌 천사의 표정을
회복하고자 하는 그런 꿈을 꾸게 합니다.
이 책을 읽게 될 독자들에게 저자의 글이
사막의 모래폭풍 가운데서도 길을 잃지 않도록 도와줄
나침반이 되어 줄 것을 믿습니다.

김현호 • 부산 기쁨의집 기독교서점 대표

천사는 사막에서도 왈츠를 춘다
ⓒ 김겸섭

1판 1쇄 인쇄 2024년 4월 20일
1판 1쇄 발행 2024년 4월 25일

지은이　　김겸섭
발행인　　조애신
책임편집　이소연
디자인　　임은미
마케팅　　전필영, 권희정
경영지원　전두표

발행처　　도서출판 토기장이
주소　　　서울시 마포구 동교로 71-1 2F
출판등록　1998년 5월 29일 제1998-000070호
전화　　　02-3143-0400
팩스　　　0505-300-0646
이메일　　tletter77@naver.com
인스타그램　togijangi_books_

ISBN　　　978-89-7782-518-5

- 이 책은 저작권 법에 따라 보호를 받는 저작물이므로 무단 전재와 무단 복제를 금합니다.
- 이 책의 전부 또는 일부를 이용하려면 반드시 저자와 도서출판 토기장이의 동의를 받아야 합니다.

도서출판 토기장이는 생명 있는 책만 만듭니다.
"우리는 진흙이요 주는 토기장이시니 우리는 다 주의 손으로 지으신 것이니이다" (이사야 64:8)